IPSEITAS

BENTO PRADO JÚNIOR
IPSEITAS

EDIÇÃO **VLADIMIR SAFATLE**   **autêntica**

Copyright © 2017 Herdeira de Bento Prado Júnior
Copyright © 2017 Autêntica Editora

Todos os direitos reservados pela Autêntica Editora. Nenhuma parte desta publicação poderá ser reproduzida, seja por meios mecânicos, eletrônicos, seja via cópia xerográfica, sem a autorização prévia da Editora.

EDITORA RESPONSÁVEL
Rejane Dias

EDITORA ASSISTENTE
Cecília Martins

REVISÃO
Aline Sobreira

CAPA
Diogo Droschi
(Foto: arquivo da família
de Bento Prado Júnior)

DIAGRAMAÇÃO
Guilherme Fagundes

Dados Internacionais de Catalogação na Publicação (CIP)
(Câmara Brasileira do Livro, SP, Brasil)

Prado Júnior, Bento, 1937-2007
  Ipseitas / Bento Prado Júnior / edição Vladimir Safatle. -- 1. ed. -- Belo Horizonte : Autêntica Editora, 2017.

  ISBN 978-85-513-0217-0

  1. Filosofia brasileira 2. Filosofia contemporânea 3. Identidade 4. Ipseidade (Filosofia) 5. Sujeito (Filosofia) I. Título.

17-03412   CDD-199.81

Índices para catálogo sistemático:
1. Ipseidade : Filosofia brasileira 199.81

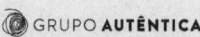

Belo Horizonte
Rua Carlos Turner, 420
Silveira . 31140-520
Belo Horizonte . MG
Tel.: (55 31) 3465 4500

São Paulo
Av. Paulista, 2.073 . Conjunto Nacional
Horsa I . 23º andar . Conj. 2310-2312
Cerqueira César . 01311-940 . São Paulo . SP
Tel.: (55 11) 3034 4468

www.grupoautentica.com.br

Nota do editor

Ao falecer, Bento Prado Júnior (1937-2007) deixou um manuscrito do que deveria ser a base de *Ipseitas*. Esse manuscrito era composto de um índice com a estrutura geral do projeto, de textos de vários capítulos e de transcrições de gravações de aulas que certamente serviriam de material para o texto final. Alguns capítulos já estavam terminados, outros eram textos de conferências que certamente seriam retrabalhos, enquanto um terceiro grupo apresentava textos claramente em estágio inicial. Por fim, havia o grupo daqueles capítulos que não tinham sido iniciados. Já as transcrições não haviam passado por trabalho algum. O falecimento de Bento Prado Júnior o surpreendeu em meio ao processo de escrita deste livro.

Assim, diante da disparidade do material, optei por publicar apenas os textos dos capítulos, retirando as transcrições, mas conservando uma indicação do lugar em que elas foram anexadas ao manuscrito. Havia dois grupos de transcrições. Um deles dizia respeito ao curso "A questão do sujeito", de 1992, e vinha ao final da segunda parte deste livro. A decisão de não publicá-la foi mais fácil, pois a transcrição encontrava-se em estado profundamente fragmentado e lacunar. No entanto, mesmo o segundo grupo, a saber, a transcrição de um curso de 2004 sobre a leitura heideggeriana de Kant, apresentava diferenças substanciais de tom e de estratégia em relação ao resto do texto. O que não poderia ser diferente, já que o curso foi, em larga medida, pensado como uma leitura comentada de "Kant e o problema da metafísica" e tem a liberdade própria da oralidade, de seus encontros e descobertas. Há de se lembrar do cuidado de Bento Prado Júnior com a produção de uma escrita capaz de aliar rigor e estilo. Não creio que ele concordaria em publicar transcrições de aulas, com suas repetições, desvios e deslocamentos naturais, sem trabalho algum de revisão e releitura.

Sobre o texto dos capítulos, tentei conservar ao máximo seu tom original, limitando-me a retirar algumas repetições, construir pequenas passagens e revisar. Conservei o índice, indicando os capítulos não escritos. Com isso, o leitor terá uma ideia mais clara do projeto que animava esta que seria a obra maior de uma das mais importantes trajetórias intelectuais da filosofia brasileira. O prefácio desta obra, que será para sempre um trabalho em curso, expõe claramente as estratégias e embates que Bento Prado Júnior configurava no interior da filosofia contemporânea. Esse debate continua mais atual que nunca.

Ipseitas deveria ser o primeiro volume de uma trilogia cujo título geral seria "A ipseidade e suas formas de expressão", composta ainda por dois volumes intitulados "Actio" e "Contemplatio". Bento Prado não chegou a esboçar o que seriam estes dois volumes, restando-nos apenas este agora editado. Seu eixo central é a exposição da resistência da categoria de sujeito, para além de sua redução a uma categoria meramente psicológica, e a importância de tal estratégia para o debate filosófico atual.

Gilles Deleuze costumava dizer que toda verdadeira experiência filosófica é a elaboração sistemática de apenas um problema. Este problema não estará lá para ser respondido, mas para produzir novas questões, para levar seu enunciador a procurar reconstituir formas de pensar, a dissolver divisões, a impulsionar a inquietude. Ou seja, a verdadeira experiência filosófica é indissociável da capacidade de saber de fato ouvir um problema, de deixá-lo desdobrar lentamente sem ter medo de que tal tempo de desdobramento acabe por nos mudar profundamente. Pois um problema por muito tempo aberto é um território de placas tectônicas em movimento contínuo.

Poucos foram os filósofos entre nós fiéis a tal ideia como Bento Prado Júnior. Seu primeiro trabalho fora uma tese de doutorado dedicada a Henri Bergson: *Presença e campo transcendental: consciência e negatividade na filosofia de Henri Bergson* (Edusp, 1988, mas escrita em 1964). Nela, já estava presente não apenas o problema que lhe animaria por toda sua vida intelectual, mas também sua estratégia singular e completamente inesperada. O problema foi por ele próprio enunciado neste seu último livro: "Que seria ser si mesmo? Se a pergunta tem sentido, como pode articular-se com o ser outro: outros 'si-mesmos', o Mundo, Deus, se tais entidades existem ou in-sistem em ex-sistir?". Lembremos como Bento Prado Júnior afirmara anteriormente que um dos eixos maiores de seu pensamento era exatamente a reflexão sobre "o lugar do sujeito, ou melhor, o problema da ipseidade e de suas formas de expressão".[1]

Que seria ser si mesmo? O que significa falar na primeira pessoa? Mas, principalmente, que alteridade tal afirmação de si implica? Sim, porque há uma alteridade lá onde acreditava encontrar apenas o que me é "próprio". Esta é talvez a alteridade mais difícil de apreender, mesmo que seja a mais necessária a desvelar. Daí porque trata-se de falar do si mesmo em sua articulação com o que in-siste em ex-sistir, ou seja, em sua articulação ao que não se reduz à condição de mera projeção de um psicologismo subjetivista.

Assim, no momento em que a filosofia colocava em questão as certezas do sujeito, questionava os pressupostos das filosofias da consciência, Bento Prado procurava ouvir as tensões que a noção de "si mesmo" porta. Enquanto alguns anunciavam o abandono da categoria de sujeito, Bento Prado procurava mostrar como o reconhecimento de sua irredutibilidade implica recusar toda naturalização da objetividade de visões de mundo que se fazem passar por senso comum. Abre-se assim uma porta para a compreensão do lugar da retórica e das adesões a formas de vida, lugar este que abala nossas figuras da razão que naturaliza sua gramática de conflitos, que procura fundamento em uma espécie de jogo último de linguagem. O que não poderia ser estranho para alguém que dirá: "a intenção última é a de introduzir um mínimo de negatividade no debate acadêmico, revelando o que há de frágil na segurança moral-ideológica que está em sua base mais funda".[2] Um mínimo de negatividade vinculado ao reconhecimento do colapso de noção tradicionais de fundamentação como esclarecimento das condições de possibilidade da experiência. Pois: "quando imaginávamos alcançar a segurança da rocha e da argila,

---

[1] PRADO JR., Bento. *Erro, ilusão, loucura*. São Paulo: Editora 34, 2004, p. 11.
[2] PRADO JR., 2004, p. 18

do *Grund*, encontramo-nos à beira do abismo sem fundo, *Abgrund*. Não é na clareza de um mapa categorial (estrutura, *a priori*, da Razão ou *verdade de fato* do Senso Comum) que os falsos problemas podem ser dissipados, provocando a ataraxia".[3]

Mas notemos como tal reconhecimento do lugar da retórica e das adesões a formas de vida não implica insularidade de quem nunca poderá sair das limitações de sua perspectiva. Mesmo que Bento Prado faça, neste livro, a crítica a perspectivas filosóficas incapazes de ouvir a ausência de fundamento convergente que garantiria a unificação racional de nossos discursos (retomando assim o eixo fundamental de *Erro, ilusão, loucura*), ele lembra como é próprio de todo sujeito ser atravessado pelo que quebra as ilusões de translucidez, de possessão de si e de mestria de sua própria linguagem. Ou seja, sujeitos, exatamente por serem sujeitos, podem estar sempre a ouvir o que lhes resiste. Por isso, eles estão abertos ao que Bento Prado chama de "metamorfoses categoriais" responsáveis por transformações em formas de vida.

Isso explica ao menos parte do interesse de Bento Prado em produzir uma filosofia capaz de construir quiasmas com discursos do descentramento e do atravessamento de si, como a psicanálise e a literatura moderna. Bento Prado não foi apenas o responsável por desenvolver entre nós certa liberdade da filosofia em relação a seus objetos, problemas e tradição (afinal, será difícil encontrar alguém capaz de colocar em debate Wittgenstein e Deleuze, Searle e Merleau-Ponty). Ele foi quem serviu-se dessa liberdade para fazer perguntas como: O que é uma filosofia que ouve a linguagem bruta da *physis* de Guimarães Rosa? O que é uma filosofia que se pergunta pela opacidade do inconsciente?

Dessa forma, operando em um horizonte conceitual que desconhece fronteiras e limitações de tradições filosóficas, o projeto concebido por Bento Prado Júnior não temia andar na contramão de tendências hegemônicas do pensamento do século XX, a fim de mostrar o significado de um pensamento que, de forma completamente singular, parte do sujeito para encontrar uma nova figura da razão e do mundo.

---

[3] Neste livro, p. 90.

Por fim, se este livro demorou tanto para ser finalizado é porque não há nada de mais aterrador do que procurar recompor a fala de alguém que não está mais entre nós, mas cuja força das ideias se fez presente em cada um dos movimentos de pensamento de seus antigos alunos. Que o leitor desculpe o tempo dilatado do luto e seus caminhos tortuosos. Às vezes, a decisão de nada fazer é a que exige maior esforço. Sendo assim, para além da tentação de permear os textos de um outro de notas e comentários recompor seu próprio projeto, anexando textos que giravam em torno das mesmas questões presentes neste livro, impôs-se aqui, depois de várias hesitações, a decisão de simplesmente deixar se manifestar o trabalho do pensamento até o momento em que podemos reconhecer a elaboração singular de uma escrita. Foi esse princípio que acabou por guiar a edição do livro que agora é publicado.

Vladimir Safatle
Departamento de Filosofia
Universidade de São Paulo

*Para a Lúcia e
para meus filhos, Raquel, Cristina e Bento Neto.*

Anda sempre tão unido
o meu tormento comigo,
que eu mesmo sou meu perigo.

Camões

Eu não sou eu nem sou outro,
Sou qualquer coisa de intermédio:
Pilar da ponte do tédio
Que vai de mim para o Outro.

Mário de Sá-Carneiro

Sumário

17 Prefácio

23 **PRIMEIRA PARTE:** O destino do argumento transcendental no século XX

25 Capítulo primeiro: Alcance e limites da recepção analítica do argumento transcendental: o kantismo aristotélico de Strawson

67 Capítulo segundo: Ryle e o retorno a Aristóteles: o esquecimento de Kant na análise categorial

97 Capítulo terceiro: Heidegger: o transcendental e o ser-no-mundo. Kant redescoberto através de Aristóteles: a ida e a volta

107 Capítulo quarto: Ernst Cassirer: a apercepção transcendental e as formas simbólicas

111 **INTERMEZZO:** As aventuras da analítica
(a redescoberta oxoniana da filosofia pré-crítica)

133 **SEGUNDA PARTE:** O lugar do sujeito na linguagem e no mundo

135 Capítulo primeiro: O lugar do *cogito* na filosofia analítica e nas "ciências cognitivas"

149 Capítulo segundo: Alguns equívocos: K.-O. Apel, Tugendhat, Searle e Ricœur [nada foi escrito]

151 Capítulo terceiro: Sartre e o problema da ipseidade

169 Capítulo quarto: Émile Benveniste e o lugar do sujeito no discurso [nada foi escrito]

171 **CONCLUSÃO:** Do "solipsismo" do *Tractatus logico-philosophicus* ao lugar do sujeito nos jogos de linguagem
(Os equívocos da leitura "standard") [nada foi escrito]

Prefácio

Que seria *ser si mesmo?* Se a pergunta tem sentido, como pode articular-se com o *ser outro*: outros "si-mesmos", o Mundo, Deus, se tais entidades existem ou in-sistem em ex-sistir? Tal é o tema deste primeiro livro, *Ipseitas*, a que se seguirão outros dois, consagrados às formas de expressão da própria ipseidade: suas manifestações ético-políticas, expressas nas obras filosóficas, mas também na literatura, bem como no discurso diretamente político. Sua manifestação também nas mais altas formas de expressão linguística: na poesia e na metafísica. Três volumes ou três momentos de uma única reflexão que pretende, com a necessária modéstia, retomar o estilo da crítica kantiana e lançar nova luz sobre o debate filosófico atual e sobre o mundo contemporâneo. Os títulos dos dois volumes futuros poderiam ser: *Actio* e *Contemplatio*.

Ao falar de ipseidade, posso, logo de início, ser acusado de solipsismo. Antecipando tal crítica, e parecendo dar-lhe razão, poderia exprimir-me da seguinte maneira: "Não posso sair de mim mesmo ou de minha linguagem". Mas o que seria uma linguagem que fosse *minha*? De qualquer maneira, insisto, *ab initio*, que tal frase não implica, se tenho razão, *qualquer tese metafísica*. Seria antes, na linguagem de Wittgenstein, uma simples *Philosophische Bemerkung*. Um instrumento (*a device*) para entrar no debate contemporâneo, com a intenção de deixar claros os desvios que o afastam da melhor tradição filosófica e do pensamento futuro exigido pelos tempos atuais, tão sombrios de todos os pontos de vista. Introduzir um mínimo de *negatividade* no seio da instalada "civilização do *paper*". Tarefa que talvez não seja menor.

Ainda estamos um pouco "no ar". É preciso ancorar nossas inquietações no quadro da literatura contemporânea, para tornar eficaz uma "*entrée en matière*". Que me seja permitido recorrer, para fazê-lo, ao livro de Barry Stroud sobre o ceticismo.[1] Não é verdade que, quando falamos de *ipseidade*, somos aparentemente levados a pensar no ceticismo e nas formas da filosofia moderna que reiteram alguns de seus gestos, como o idealismo de Berkeley?

O interesse do livro de Barry Stroud é o de demonstrar que tais inquietações – as que opõem a tradição do senso comum a essa tendência da filosofia – são vãs e que o ceticismo (antigo ou moderno) está longe de chocar o senso comum,[2] como se supõe habitualmente. Pelo contrário, Stroud insiste num significado *positivo* do ceticismo: estamos longe da simples *negação indeterminada* do Real! Como se assinasse minha frase "Não posso sair de mim mesmo ou de minha linguagem" e como se também a interpretasse como uma expressão *pré*-metafísica ou propedêutica à filosofia. Como veremos adiante, a interrogação de Stroud retoma o espírito da empresa kantiana, mesmo se segue um caminho diferente (no que será seguido por Strawson, cuja obra examinaremos logo a seguir). Embora o kantismo pareça superar, ao mesmo tempo, o ceticismo e a metafísica dogmática, ele não atingiria – segundo esses autores de língua inglesa – seus objetivos, deixando o filósofo contemporâneo, novamente, no grau zero da filosofia. Com a falência do "princípio de verificação", tampouco o empirismo lógico parece ter alcançado êxito, lá onde Kant haveria malogrado. Dando a palavra a B. Stroud na conclusão de seu livro: "O desafio consiste em tornar manifesta a incoerência da concepção tradicional [do ceticismo e da filosofia] e talvez proporcionar mesmo uma opção que seja compreensível, sem cair mais uma vez numa forma de idealismo que entre em conflito com o que já sabemos sobre a independência do mundo, ou que negue o tipo (?) de objetividade que

---

[1] STROUD, Barry. *The Significance of Philosophical Scepticism*. Oxford: Oxford University Press, 1984.

[2] Como eu observava a meu amigo Oswaldo Porchat, então advogado da filosofia do senso comum, prevendo então sua futura conversão ao ceticismo, que ocorreu logo a seguir.

já compreendemos bem. É possível fazer isso? Poderia satisfazer-nos alguma explicação? Não chegaremos ao fundo do ceticismo filosófico sem ter respondido a estas perguntas".

Tal livro de B. Stroud é um auxiliar precioso para a abertura deste trabalho, pois antecipa vários pontos cruciais a serem examinados. Em especial, ele será ponto de referência essencial em nosso primeiro capítulo. Ele empreende seu trabalho crítico utilizando, entre outros filósofos contemporâneos, Stanley Cavell e seu colega Thompson Clark (que, por sua vez, muito devem a Wittgenstein, especialmente a seu último livro, *Über Gewissheit*). Tanto em um como em outro, uma mesma operação é realizada: em lugar da oposição entre epistemologia clássica e ceticismo, temos a oposição, que dissolve a anterior, entre vida cotidiana e filosofia ou entre uso *comum* e uso *teórico* da linguagem. É do ponto de vista do uso comum da linguagem ou da perspectiva da vida cotidiana (do *Lebenswelt* ou do *Alltägliches Umwelt*, dir-se-ia numa tradição diferente) que as questões da filosofia podem ser desdramatizadas. Como diz o mesmo B. Stroud: "*Mais precisamente, aquilo em que insiste Cavell ao tentar* compreender as observações 'artificiais' feitas pelos filósofos, é a forma na qual '*a maneira de dizer* algo é essencial para aquilo que significa' (CR, 208) – 'o fato de que o que significa uma expressão é uma função daquilo que os seres humanos usam para dar a entender ou dizer em ocasiões específicas' (C. CR., 206). Esta ideia, em que insistem as obras de Wittgenstein e Austin,[3] é a base de uma crítica distinta da epistemologia tradicional".

Caminhando nessa direção, nós tangenciamos uma tarefa que parece indispensável à autocompreensão da filosofia de hoje: uma espécie de "arqueologia" dos "retornos a Kant", que se repetem periodicamente desde meados do século XIX. De fato, refletindo sobre esse quadro que atualmente define para alguns as alternativas da filosofia, aquele que, vindo de estudos de história da filosofia e que ousa começar a interrogar na primeira pessoa do singular, não deixa

---

[3] Já topamos aqui com um amálgama entre filósofos, no limite, *incompatíveis*, como veremos mais tarde. Desde já assinalemos que o total desinteresse de Austin pela obra do filósofo austríaco já é um índice do que há de problemático na recepção da obra de Wittgenstein na Inglaterra e nos Estados Unidos.

de ser tomado por uma espécie de estranha sensação de *déjà-vu*. Não estaríamos nós atualmente, em pleno albor do século XXI, na mesma situação dos filósofos da segunda metade do século XIX? Naquela ocasião cruzavam-se dramaticamente (especialmente na Alemanha) as tendências do naturalismo e de uma forma atenuada de criticismo (em sua direção quase puramente *epistemológica*, muito mais do que na sua vertente especulativa, então já decidida e infelizmente *fora de moda*). A opção era entre uma metafísica materialista e uma epistemologia "empírio-criticista". De Otto Liebmann a Helmholtz, de Friedrich Albert Lange a Hans Vaihinger (fundador dos famosos e sempre presentes *Kant-Studien* e *Kant-Gesellschaft*), passando por Mach e Avenarius, e pelas diferentes formas de neokantismo da virada do século, havia algo como um processo de reativação da crítica kantiana, que não deixava de dar lugar a uma concepção psicológica do Sujeito que perdia, assim, algo de sua dimensão ou função "transcendental" (um século depois, como veremos em seguida, Strawson não deixará de iniciar sua exposição da *Crítica da razão pura* lembrando a natureza quase biológica do Sujeito kantiano). O resultado dessa maré foram os "convencionalismos" (como os de Poincaré e de Duhem), os "intuicionismos", os diversos novos "positivismos" da epistemologia, bem como a *Lebensphilosophie* de Simmel.[4] Bem como os "neutralismos", "monismos experienciais" e "antidualismos metafísicos" – a ideia de uma esfera de experiência pura, anterior à partilha "teórico-construtiva" ou "especulativa" entre corpo e espírito, entre sujeito substancial e coisa em si (que partilharam filósofos tão diferentes como William James e Bertrand Russell).

Não nos é possível, por falta de recursos e de espaço, fazer, como seria desejável e talvez mesmo necessário, uma "arqueologia" dos periódicos "retornos a Kant", de que acabamos de apontar a primeira figura. Deixemos de lado o pensamento do século XIX, embora sua presença permaneça latente no subsolo do pensamento, do início do século XX até os dias de hoje. Digamos apenas o seguinte, antecipando o texto anexo ao primeiro capítulo deste livro: o avanço das chamadas

---

[4] Nessa mesma atmosfera foi formado Hans Cornelius, o primeiro mestre dos filósofos que, mais tarde, constituiriam a famosa Escola de Frankfurt.

cognitive sciences parece restaurar o naturalismo contra o qual emergiu a epistemologia empírio-criticista do século XIX e contra o qual se insurgiriam os fundadores da filosofia do século XX (Bergson, Brentano, Frege, Husserl, as escolas neokantianas de Marburgo e de Baden, B. Russell, etc.). Teremos retornado ao século XIX? Não exatamente, já que alguns dos principais promotores da *cognitive science* falam da necessidade de *naturalizar a fenomenologia*, ou seja, de algum modo, naturalizar o próprio sujeito transcendental. Eis-nos novamente diante do dilema de Friedrich Albert Lange, que queria mostrar a importância e o lugar do sujeito cognitivo no mundo descrito pelas ciências naturais, ou da hesitação (posterior de um século) de Strawson ao termo das "aventuras da filosofia analítica", entre o naturalismo e o ceticismo.

Sem fazer uma "arqueologia" dos retornos a Kant, talvez não seja desinteressante seguir a pista fornecida por Claude Imbert. Falando de Stanley Cavell,[5] a que nos referíamos há pouco, Imbert sugeria reler a filosofia do século XX como o quadro onde se dilaceram as duas faces, a da estética e a da analítica transcendentais, nas tendências opostas da fenomenologia e da filosofia analítica (Claude Imbert refere-se especialmente àquela de estilo carnapiano). E é bem a essa tarefa que nos propomos nos capítulos da primeira parte deste volume, examinando sucessivamente as formas de recepção da filosofia de Kant nas obras de Strawson, de Cassirer e de Heidegger.

Outros capítulos encerrarão o volume, retomando, de maneira sistemática, a análise da noção de *ipseidade* como via privilegiada para nos desembaraçarmos das aporias nas quais se debate o pensamento contemporâneo. Neles procuraremos examinar a ideia de ipseidade em sua ligação, é claro, com a de *alteridade*, mas sobretudo sobre o fundo da ideia de um *Campo Transcendental*, seguindo os passos dados em nosso primeiro livro.[6] Bergson será um momento da análise, mas

---

[5] Cf. *Études*, Paris, mar. 1995.

[6] Cf. PRADO JR., Bento. *Presença e campo transcendental: consciência e negatividade na filosofia de Bergson*. São Paulo: Edusp, 1989. Edição francesa: *Présence et champ transcendantal: conscience et négativité dans la philosophie de Bergson*. Traduit par Renaud Barbaras. Hildesheim; Zürich; New York: Georg Olms Verlag, 2002.

também Merleau-Ponty e Wittgenstein. Os textos do último sobre a autoatribuição de predicados psicológicos no presente do indicativo servirão de fio condutor. A ideia básica será a de liberar esses textos de sua interpretação canônica nos Estados Unidos, na Grã-Bretanha e na Alemanha – que a conduzem na direção do behaviorismo ou do apagamento da barreira imposta entre a primeira e a terceira pessoa – e de lhes devolver sua dimensão autenticamente *transcendental*. Trata-se de uma iniciativa que não é propriamente original, já que antecipada (embora com alvo filosófico diferente) pelo saudoso Gordon Baker, que, há tempos, desmontava a recepção do chamado "argumento da linguagem privada" de Wittgenstein pela filosofia universitária: como se a filosofia inglesa tivesse *inventado* literalmente um debate de Wittgenstein *contra* Descartes.[7]

---

[7] Examinei esse aspecto crítico da obra do saudoso Gordon Baker (mas também de sua esposa, Katherine J. Morris) em ensaio recente, que visava os equívocos de Ryle na sua concepção de "erro categorial". Cf. Le dépistage de l'erreur de catégorie: le cas du rêve. *Catégories, Cahiers de Philosophie du Langage*, Paris, n. 5, 2003, número organizado por Antoine Ruscio e Michael Soubbotnik. Os textos importantes no caso são: BAKER, Gordon. La réception de l'argument du langage privé. In: *Acta du Colloque Wittgenstein*. Paris: T. E. R., 1988 e BAKER, Gordon; MORRIS, Katherine J. *Descartes' Dualism*... Na mesma direção já se encaminhavam meus ensaios de 1994 a 1996, reunidos no meu livro *Erro, ilusão loucura* (São Paulo: Editora 34, 2004).

PRIMEIRA PARTE

**O DESTINO DO ARGUMENTO
TRANSCENDENTAL NO SÉCULO XX**

Capítulo primeiro
Alcance e limites da recepção analítica do argumento transcendental: o kantismo aristotélico de Strawson

I.1 O ponto de vista de Strawson: a acolhida da filosofia crítica pelo *soft naturalism*

§ 1 Para começar a compreender o alcance e os limites da análise que Strawson faz da *Crítica da razão pura* em *The Bounds of Sense*,[1] é necessário que determinemos o *ponto de vista* particular a partir do qual ele abre o espaço de recepção para a filosofia crítica. É só a partir de sua compreensão da natureza da empresa filosófica que poderemos acompanhar, em seus acertos ou tropeços eventuais, sua leitura de Kant.

Antecipemos um pouco a ideia central a ser esboçada neste capítulo. Nossa hipótese é a de que a chamada "filosofia analítica", com todas as descobertas que fez e revoluções que operou, não deixa de nos abandonar com mãos vazias. Ou dissolve nosso falar em suas paráfrases barrocas e ocas – mortas de qualquer maneira – ou tende a reduzi-lo à mundanidade pré-linguística ou pré-humana (o universo dos pedregulhos, mais que dos macacos) do Mundo, ou, sejamos explícitos, à *Natureza-em-si*, morta com a crítica kantiana, de que falaremos, a seguir, a partir de nosso comentador inglês, que não consegue, a despeito de sua finura, compreendê-la.[2] Com efeito, ao contrário

---

[1] STRAWSON, Peter Frederick. *The Bounds of Sense: Essay on Kant's Critique of Pure Reason*. London: Methuen, 1966.

[2] Pensando bem, o que poderia significar, para um sofisticado filósofo inglês, recuperar Kant? No limite, dizer que não conflita com o pensamento dominante e, sobretudo, que a ideia de "transcendental" pode seu traduzida na linguagem comum: aquela de seus leitores habituais.

do que ocorre nas tradições do neocriticismo e da fenomenologia, a retomada do argumento transcendental não deixa de passar, como veremos adiante (I.2, § 1), por algo como uma *neutralização da finitude* ou como uma colocação entre parênteses de *beings as ourselves*, graças à economia da questão relativa à chamada "antropologia filosófica" (na versão que Cassirer dá do neocriticismo) ou à "intramundanidade" do *Dasein* (na versão heideggeriana da fenomenologia). Para além do compreensível antipsicologismo, essa tendência de retorno ao naturalismo (mesmo se de forma atenuada ou "católica" – na linguagem de Strawson) talvez seja devida a uma compreensão *behaviorista* ou *quase behaviorista* da linguagem.[3]

Mas não nos precipitemos e não sejamos injustos já no nosso ponto de partida. No final de *Skepticism and Naturalism, Some Varieties*,[4] o naturalismo reticente de nosso autor reserva lugar (embora problemático e indefinido) para idealidades e intensões, para a *significação*, não reduzindo a linguagem a um mero ruído natural, como o murmúrio dos peixes ou das plantas tangidas pelo vento.

Comecemos por nos perguntar: de que ideia de filosofia partimos, na empresa de determinar os "limites do sentido"? Para definir tal ideia, devemos expô-la esquematicamente (talvez mesmo caricaturalmente) – mais adiante sempre teremos tempo para introduzir os necessários matizes e fazer justiça ao autor. Essa ideia é exposta em seu livro *Individuals*,[5] anterior ao livro consagrado a Kant e retomada, de maneira mais didática, em livro posterior a ambos, sua *Introdução à filosofia*,[6] em que encontramos tanto a proposta de uma *metafísica descritiva* (conceito ou expressão plasmados por nosso autor) quanto

---

[3] Compreensão explicitamente assumida por autores como Quine e Ryle, embora segundo vias diferentes. Nossa hipótese de trabalho é de que, tanto num caso como no outro, talvez esteja presente uma leitura enviesada de Wittgenstein. Mas só poderemos retornar à questão bem mais adiante.

[4] STRAWSON, Peter Frederick. *Skepticism and Naturalism, Some Varieties (The Woodbridge Lectures, 1983)*. London: Methuen, 1985.

[5] STRAWSON, Peter Frederick. *Individuals: An Essay in Descriptive Metaphysics*. London: Methuen, 1959.

[6] STRAWSON, Peter Frederick. *Análise e metafísica: uma introdução à filosofia*. Tradução de Armando Mora de Oliveira. São Paulo: Discurso, 2002.

uma tentativa de reinterpretação da predicação (ou da articulação sujeito/predicado), em contraposição à definição russelliana das descrições (note-se que a expressão "descrição" é privilegiada nas duas partes do livro, fazendo uma ponte entre a metafísica e a lógica). Contra Russell, Strawson argumenta que a lógica canônica (cálculo proposicional e cálculo de predicados) não faz justiça à circulação do sentido na linguagem comum. Da mesma maneira, a teoria das descrições definidas respeita a teoria aristotélica do juízo, impondo a *bogus trichotomy* entre *verdadeiro, falso* e *sem sentido*. Numa palavra, uma descrição vazia (sem referentes) transcende necessariamente a oposição *verdadeiro/falso*, mas não carece necessariamente de sentido.[7] É preciso, contra Russell, distinguir a expressão, seu uso e sua enunciação. Caberia ainda distinguir *referir-se a...* e *mencionar....* A referência seria apenas um dos usos da conexão entre a linguagem e particulares localizadas no tempo e no espaço. Mas, sobretudo, segundo Strawson, "nem as regras aristotélicas nem as russellianas proporcionam a lógica exata de qualquer expressão da linguagem comum, pois essa linguagem não possui lógica exata".[8] A resposta de Russell à objeção é previsível: com a ideia de uso, Strawson vem macular a pureza da lógica, introduzindo na análise da linguagem a instância do sujeito psicológico ou empírico. Mais adiante retomaremos a questão, por nossa própria conta e risco, apontando para um caminho intermediário entre um e outro, para ambos imperceptível, já que não parecem ter compreendido a obra do segundo Wittgenstein, propondo leituras dela que, embora diferentes, são ambas inaceitáveis. Será ocasião, também, para nos reportarmos à teoria do *discurso* de É. Benveniste e ao lugar que nela ocupam os *pronomes pessoais*, assim como à sua precoce e lúcida crítica da virada "gramatical" da Escola de Oxford.

---

[7] Para uma introdução à questão, ver os verbetes de José Ferrater Mora ("Descrições, teoria das"), em seu *Dicionário de filosofia*, e de John Searle ("Strawson"), em *The Encyclopedia of Philosophy* (New York; London: MacMillan; The Free Press, 1972).

[8] Cf. STRAWSON, Peter Frederick. On Referring. *Mind*, v. 59, n. 235, 1950, p. 320-344, reimpresso em *Logico-linguistic Papers*, 1971, p. 1-17. Apud MORA. Descrições, teoria das.

Mas que é uma metafísica descritiva? Strawson insiste na modéstia de sua empresa: ao contrário das metafísicas revisionistas ou revolucionárias, trata-se apenas de descrever os "esquemas conceptuais" subjacentes a nossos usos da linguagem ou a nossa imagem pré-teórica do mundo. Nas palavras de Strawson, em sua *Introdução à filosofia*: "Nós reinterpretamos a tarefa principal do filósofo (a tarefa metafísica) como a de responder à pergunta: quais são os conceitos e categorias mais gerais que organizam o nosso pensamento, nossa experiência, acerca do mundo? E como se relacionam entre si dentro da estrutura geral do pensamento? Ao responder a essa questão na sua forma mais geral, como realmente concebemos que o mundo é, ou qual é a nossa ontologia básica (a ontologia em atividade)".[9] Como podemos ver no primeiro capítulo de *Skepticism and Naturalism, Some Varieties*, essa modéstia está ligada a um projeto por assim dizer "conciliatório": encontrar uma via intermédia entre Caríbdis e Cila, entre os polos opostos do ceticismo radical e do naturalismo mais duro, numa espécie de convergência entre naturalismo e ceticismo, ambos numa versão *soft*, que permite fazer convergir a obra de autores tão diferentes como Moore, Wittgenstein, Carnap e Barry Stroud. Mas, sobretudo, essa terceira via permite uma retomada "naturalista" do argumento transcendental de Kant, numa versão que abre o espaço para uma *Ontologia* (ao lado da Lógica e da Epistemologia) compatível com o senso comum: com efeito, afirmar que o Mundo é composto de coisas materiais e de pessoas não parece ser efeito de pura *Schwärmerei*.

Esse caminho é aberto por uma espécie de promoção do pré-teórico, que, repitamos, não deixa de apontar, desde o início, para o *argumento transcendental*. Mas onde o argumento é entendido de maneira restrita: como simples esforço de descrição da *conexão* entre os conceitos implicados na mais trivial prática linguística. Mais tarde veremos os problemas implicados nessa escolha teórica: parece não haver razão para discutir a recusa *técnica*, por Strawson, da teoria russelliana das descrições definidas, mas cabe perguntar desde já (adiando a possível resposta): por que manter, depois do colapso reconhecido

---

[9] STRAWSON. *Análise e metafísica: uma introdução à filosofia*, p. 54.

do projeto fundacionista de Russell, o cuidado com a vaga "lógica" da identificação dos "particulares"? Tudo se passa *como se* uma boa questão – no contexto do projeto, digamos, "megalomaníaco" de Russell – se transformasse numa pequena questão "escolástica", só justificável na perspectiva paroquial da Escola de Oxford.

Essa perspectiva "conexionista" ou "estrutural" (trata-se de desvendar o *framework* de nossa imagem do mundo) aponta, em estilo analítico mas jamais atomista ou reducionista, para algo como uma base última: os chamados *particulares*. Qual é a estrutura que nos permite identificar, espontaneamente, eventos ou coisas singulares? Mais ainda, quais são esses elementos de base sem os quais não seria pensável nosso *sistema categorial*? Pois a pergunta pela estrutura da visão do mundo não é possível sem a identificação dos "particulares" e é inseparável da localização e da identificação daquilo que podemos chamar de *particulares fundamentais*, que nos permitem, por exemplo, falar com sentido *desta* cadeira ou da invasão do Iraque. Resumindo o argumento ao seu estrito caroço, Strawson afirma que tais particulares fundamentais, sem os quais nossa prática discursiva seria incompreensível, são os *corpos materiais*. Sem uma constelação espaçotemporal de corpos materiais, dentro da qual nós mesmos estamos situados, embora de maneira peculiar, não poderíamos fazer nenhuma identificação particular. Nesse sistema não são admitidos particulares privados, que só podem ser identificados com a introdução de um outro tipo de *particular de base*. Aqui é introduzida a segunda categoria básica do *framework*, com outro particular, a saber, *a pessoa*, que dará lugar a particulares privados, como dores de dente, lembranças e intenções (tentei sugerir que Ricœur, na sua tentativa de conciliar fenomenologia, hermenêutica e analítica, foi levado a *pessoalizar* ou psicologizar a instância do *Self* ou da *Ipseitas*, como Strawson também faz na mesma época; mais tarde voltaremos a esse tema crucial[10]). Strawson fala, também, de um "universo auditivo" e de "mônadas",

---

[10] Desde já, no entanto, notemos algo de curioso nesse inesperado entrecruzamento, em que *naturalismo* e *personalismo* se entrecruzam. Como se as vertentes metafísicas de um quase materialismo (não reducionista, é claro) e de espiritualismo (não intelectualista e "encarnado", é claro) conspirassem numa mesma iniciativa de psicologização da ipseidade.

mas aparentemente apenas para reforçar o privilégio dos outros dois tipos de "particulares". Adiante, retomaremos a questão de mais perto.

Deixemos de lado, por enquanto, a ideia de predicação, a polêmica com Russell e a teoria do caráter *factual*, que distinguiria o sujeito do predicado.[11] O que nos interessa, de imediato, é fazer a transição entre a metafísica proposta e a ideia nela implicada da interconexão entre conceitos na raiz de nosso *Weltbild* e a ideia kantiana de dedução transcendental, de que ela se aproxima sem todavia deixar de se opor a ela. Qual é a diferença entre a dedução transcendental das categorias e a descrição da estrutura categorial subjacente a nossa experiência comum do mundo? Para entrar em nosso assunto, utilizarei um brevíssimo resumo de *Bounds of Sense* feito por J.-C. Dumoncel para a *Encyclopédie philosophique universelle*.[12] Esse curto resumo do livro limita-se a duas observações: a) uma que sublinha a continuidade entre o livro sobre Kant e o tratado sobre *Individuals* e b) outra que marca o ponto exato em que o filósofo analítico se afasta do filósofo do idealismo transcendental. Com efeito, não é necessário um salto para passar do exame das condições transcendentais da experiência à análise do *conceito* de experiência. Tanto num caso como no outro, passamos da questão *quid facti* à questão *quid juris*, da efetividade da experiência à trama conceitual que a organiza; noutras palavras, em ambos casos, passamos do *conteúdo fáctico* do mundo à estrutura sintático-semântico-pragmática que nos dá acesso a ele. Mas Strawson não acompanha Kant até o fim de seu itinerário regressivo, como se pode ver no exame da experiência do tempo. Ele pode dar um primeiro passo ao lado de Kant, num primeiro nível que seria o da *análise conceitual*, onde, nas palavras de Dumoncel, Kant observa que "se duas árvores são *exemplares* do conceito de árvore, dois tempos são *partes* de um tempo único". A convergência subsistiria num segundo passo, com a assunção, mediante análise regressiva, de que a experiência exige temporalidade. Mas um terceiro passo, dado por Kant, que afirma

---

[11] Memória da *Crítica da razão pura*? Cf. a última frase do parágrafo 14 da *Crítica*, em que se faz a transição à dedução transcendental das categorias.

[12] *Encyclopédie philosophique universelle: les œuvres philosophiques*. Paris: P.U.F., 1992. v. 2, p. 3780.

a recíproca da proposição anterior, ou seja, a consequência idealista que faz do tempo uma forma da subjetividade, *non sequitur* segundo Strawson, como observa Dumoncel, que encerra seu resumo com as seguintes palavras: "A filosofia da Escola Analítica pode seguir Kant em 1 e 2, mas não em 3 (a tese 3 é a seguinte: tempo = experiência, isto é, a recíproca de 2, indemonstrável por esta, de sorte que Kant recorre ao argumento transcendental fundado na geometria; mas Strawson já o considera invalidado pela geometrias não euclidianas".

Talvez o último argumento não seja incontornável: se é certo que não há lugar para as geometrias não euclidianas na *Crítica* (como não poderia haver, *de facto* se não *de juris*, sendo ela anterior à proliferação dessas geometrias), não é impossível pensar, como o Cassirer de *Substância e função*, na possibilidade e na *necessidade* de refazer o itinerário *completo* da *Crítica* para dar lugar filosófico ao fundamento da nova Física e das novas Matemáticas. Mas deixemos esses reparos para mais tarde e mergulhemos diretamente no livro em que Strawson contrapõe a Escola Analítica à Escola Kantiana ou Neokantiana.

§ 2 Devemos começar por perguntar: por que deveria um filósofo da Escola de Oxford retomar a leitura da primeira das *Críticas*? Devemos fazê-lo, já que Strawson abre seu livro justamente com uma explicação desse inesperado retorno ou desvio. E a explicação é indispensável: a filosofia analítica não começara por romper com os laços prévios que uniam seus fundadores (Russell em particular) ao idealismo alemão? Mas a nova filosofia analítica já se afastou do modelo fundacional e logicista de Russell, e a "virada gramatical" (ou o retorno à linguagem comum) permite uma nova aproximação da obra de Kant. A recusa do idealismo permanece intacta (assim como alguma simpatia pela filosofia do senso comum de um Moore), mas agora se torna possível aproximar a análise das categorias subjacentes à linguagem natural e a análise kantiana das condições da experiência. Embora seja interessante notar que Strawson ainda dá lugar a Bradley em *Individuals*, em que, para definir a ideia de *critério* (ou de *critérios*, assim, no plural), refere-se, numa evidente provocação antirrusselliana, ao filósofo monista e idealista: "Algo análogo ao argumento de Bradley contra a realidade das relações pode ser utilizado, não para mostrar que relações são irreais, mas para mostrar que esses liames afirmáveis [*assertible*] não devem ser analisados [*construed*] como relações ordinárias. Falemos delas como ligações não relacionais".[13] Sete anos depois da publicação desse texto de Strawson, Lord Russell ainda repetirá, em carta endereçada a John Paulos, sua posição de origem: "Minha razão para rejeitar Hegel é o monismo em geral, assim como minha crença de que o argumento dialético contra as relações é totalmente sem fundamento. Penso que proposições como 'A está a oeste de B' podem ser exatamente verdadeiras. Você verá que os argumentos de Bradley a respeito desse assunto pressupõem que toda proposição deve ter a forma sujeito-predicado. Penso que tal é o erro fundamental do monismo".[14]

Trata-se, no fundo, de reconhecer a grandeza de Kant, sob a condição de trazer à luz os equívocos que o impediram – digamos *cum grano salis* – de antecipar a filosofia de Oxford da segunda metade do século XX. Para situar essa perspectiva de Strawson, é oportuno retornar, antes de abrir as páginas de *Bounds of Sense* que constituem nosso alvo, a uma página do já citado *Skepticism and Naturalism*. Não nos deteremos, senão brevemente, no que parece ser uma leitura equivocada de Wittgenstein, para visarmos apenas o inesperado privilégio concedido a Kant e mesmo a Heidegger (o mesmo que dizia, para escândalo geral, exceto para Wittgenstein – que afirmava compreendê-lo: "*Das Nichts nichtet!*"), mesmo se não falta, com relação ao último, a expressão de um mínimo de "pé atrás". A citação é longa, mas é necessário passar por ela:

"Em face do ceticismo tradicional, portanto, estou propondo adotar, pelo menos provisoriamente (e tudo na filosofia é provisório), a posição naturalista. Ou, talvez, como já vinculamos Wittgenstein a Hume na caracterização e na ilustração dessa posição, deveríamos qualificar a etiqueta e, já que Hume fala apenas de natureza, enquanto Wittgenstein fala de jogos de linguagem que aprendemos a partir da infância, *i. e.*, num contexto social, deveríamos definir tal posição não apenas como 'naturalismo', mas como 'naturalismo social'. Qualquer

---

[13] STRAWSON. *Individuals: An Essay in Descriptive Metaphysics*, p. 167.

[14] RUSSELL, Bertrand. *Autobiography*. London: Unwin Paperbacks, 1978. p. 674 (a carta é datada de 2 de agosto de 1966).

que seja o nome, posso talvez ilustrar a ruptura que tal posição marca com relação a outras atitudes, com a ajuda de duas citações: a primeira, do maior dos filósofos modernos, a segunda, de um filósofo menos considerável, mas que me parece estar do lado certo neste aspecto. // No Prefácio à segunda edição da *Crítica da razão pura* (B xi) Kant diz: 'permanece um escândalo para a filosofia e para a razão humana em geral que a existência de coisas fora de nós [...] precise ser aceita meramente como *crença* e que, se alguém quiser duvidar da existência delas, somos incapazes de neutralizar suas dúvidas com uma prova satisfatória qualquer'. // *Em Ser e Tempo* (I. 6) Heidegger responde: 'O *escândalo da filosofia* não é que a prova não tenha sido oferecida, mas que tais provas sejam esperadas e tentadas sem parar'. // Para completar esta pequena série de citações, eis aqui mais uma, de Wittgenstein novamente, que resume nitidamente as coisas de um ponto de vista naturalista ou social-naturalista: 'É tão difícil encontrar o *começo*. Ou melhor, é difícil começar no começo. E não tentar voltar sempre para trás' (471). // Tentar enfrentar o desafio cético, de qualquer maneira, por qualquer estilo de argumento, é tentar voltar mais para trás. Se alguém quer começar no começo, deve recusar o desafio como nosso naturalista faz".[15]

Quanto a Wittgenstein, impossível deixar de assinalar, *en passant*, o que nos parece um equívoco duplo referente tanto à relação entre gramática e história natural quanto à permuta, nos "jogos de linguagem", entre sua "base" – o aglomerado de pseudoproposições que define um *Weltbild* – e o próprio edifício, isto é, o conjunto de proposições verdadeiras ou falsas que o constitui. Resumamos aqui o essencial, que já desenvolvemos mais detalhadamente em outro lugar.[16] Em primeiro lugar, contra a ideia de "naturalismo social" (que indicaria a passagem sem conflito de Hume a Wittgenstein), sublinhemos o forte corte, presente na filosofia wittgensteiniana, entre as categorias do "gramatical" e do "natural". Desde o *Tractatus*, a proposição,

---

[15] STRAWSON. *Skepticism and Naturalism, Some Varieties*, p. 24-25.

[16] Cf. PRADO JR., Bento. *Erro, ilusão, loucura*. São Paulo: Editora 34, 2004, em particular nos ensaios: "Erro, ilusão, loucura", "Descartes e o último Wittgenstein" e "O relativismo como contraponto".

antes de ser um símbolo, era um signo ou um fato, mas sua *estrutura* isomórfica à estrutura do *estado-de-coisa* jamais poderia ser ela própria uma estado-de-coisa, ou não poderia jamais *afigurá-lo*. Do mesmo modo, no segundo Wittgenstein o homem fala como anda ou respira, mas os jogos de linguagem, mesmo imbricados necessariamente a formas-de-vida, não serão jamais *fatos da história natural*, explicáveis causalmente dentro de seu campo ou de seu fluxo.[17] A distinção entre *regra gramatical* (como outrora a de *forma lógica*) e causalidade natural (relação fáctica entre estados de coisas, projetada pela proposição verdadeira) permanece intacta. É claro que a criança *entra*, por assim dizer, na linguagem, mas Wittgenstein insiste que seu tema jamais foi o da psicologia infantil ou da aprendizagem, pois o que lhe interessa é o jogo sincrônico-normativo das regras gramaticais, e não sua origem numa natureza silenciosa, puramente factual e pré-linguística. Há, no máximo, *epigênese* das regras, que não *derivam* ou não estavam contidas na natureza anterior como o efeito estaria implícito na sua causa.[18]

---

[17] Essa descontinuidade entre *gênese* e *estrutura*, essencial na análise gramatical, tem seu equivalente na tradição da fenomenologia. É o que transparece numa página luminosa da parte final de *O ser e o nada*, em que Sartre distingue as tarefas da *ontologia* e da *metafísica*. Aí podemos ler: "A ontologia limitar-se-á a declarar que *tudo se passa como se* o em-si, no projeto de fundar-se a si mesmo, desse a si próprio a modificação do para-si. Cabe à metafísica formular *hipóteses* que permitirão conceber esse processo como o acontecimento absoluto que vem coroar a aventura individual que é a existência do ser. É evidente que tais hipóteses permanecerão hipóteses, já que não poderíamos esperar confirmação ou informação ulterior. O que fará sua *validade* será apenas a possibilidade que nos oferecem de unificar os dados da ontologia. Essa unificação não deverá naturalmente constituir-se na perspectiva de um devir histórico, já que a temporalidade vem ao ser pelo para-si. Não haveria sentido em perguntar-se o que seria o ser *antes da aparição do para-si*" (SARTRE, Jean-Paul. *L'être et le néant*. Paris: Gallimard, 1943. p. 715). A aproximação não é aberrante, pois como poderíamos imaginar a descrição de um **Weltbild** *pré-gramatical*?

[18] Ninguém ignora que é essencial, para Wittgenstein, a distinção entre *causas* e *razões*. Cf., a propósito, todo o capítulo V de *Wittgenstein: la rime et la raison; science, éthique et esthétique*, de Jacques Bouveresse (Paris: Les Éditions de Minuit, 1973). Ao utilizarmos a expressão "epigênese", reportamos a essa distinção e ao parentesco entre o estilo da análise "gramatical" e o estilo da análise "transcendental", remetendo ao uso que Kant faz da teoria de Johannes Friedrich Blumenbach no § 81 da *crítica da faculdade de julgar*. Prolongando o paralelo entre Wittgenstein e Kant, poderíamos dizer que a natureza está para a gramática como o empírico está para o transcendental: podemos, é claro, passar da história natural para a gramática, mas vendo na primeira apenas a

Certo, Wittgenstein afirma que é preciso supor *alguma* regularidade natural no subsolo vital, sem o qual nenhum jogo linguístico poderia funcionar. Se os coelhos se transformassem em elefantes e vice-versa, provavelmente pouco teríamos a dizer deles... Assim como a diversidade possível dos esquemas da figuração mecânica do mundo indicava que todas elas *falavam* de um *mesmo mundo "exterior"*.[19]

Uma outra dimensão pode ser vislumbrada, em Wittgenstein, nesse mesmo corte entre gramática e natureza que transparece na ideia de *mudança* de um jogo de linguagem. Talvez Strawson tenha – mas não é o único – uma versão imobilista e universalista da ideia de jogo de linguagem. Em sua batalha contra o *historicismo*, em particular o de Collingwood, Strawson opõe a ideia de uma metafísica essencialmente cambiante através dos tempos à sua ideia de uma metafísica descritiva que atinge o *framework atuante* por sob nossos discursos e práticas universalmente usados *hoje em dia*, numa espécie de *sensorium communis aut universalis*. Suspeito reencontrar aqui algo como o "darwinismo" subjacente à concepção austiniana do senso comum a que me referi em outro lugar. Com efeito, em "Le dépistage de l'erreur de catégorie: le cas du rêve",[20] comentando um parágrafo de Austin, eu observava: "não haveria, na raiz de sua prática analítica, algo como uma concepção darwiniana da significação? Nossa linguagem é boa porque sobreviveu – nossos usos se revelaram adequados à realidade. Supondo que não haja senão *uma* linguagem desde a origem da filosofia e da ciência [...], nós estamos no mesmo banho desde Tales de Mileto. Mas há também outras perspectivas mais prudentes, como a de Nietzsche (filólogo de profissão), que nos advertia que '*há mais linguagens do que se pensa*'. Ou como Wittgenstein [...]".[21]

"causa ocasional" da segunda, na linguagem usada por Kant no início da dedução dos conceitos puros do entendimento, no § 13 da *KRV*. O empírico está para o transcendental como a vida natural está para o uso de regras da linguagem.

[19] Cf. *Tractatus...*

[20] Publicado em *Catégories, Cahiers de Philosophie du Langage*, n. 5, 2003, número realizado sob a responsabilidade de Antoine Ruscio e Michael Soubbotnik.

[21] Na nota 30 de nosso ensaio da citada revista francesa, eu acrescentava à minha frase sobre Austin: "Parece que aí há uma característica inaceitável de filosofia do 'senso comum'". Escrevemos alhures que "a filosofia do senso comum quer que

Mas o que diz Wittgenstein? Ao menos segundo Strawson, que haveria apenas *um framework*, *uma* linguagem e *um* mundo (composto de particulares – coisas ou pessoas – intramundanos). Para tanto, ele se ampara, no primeiro capítulo de *Skepticism and Naturalism*, numa leitura bastante discutível do § 99 de *Über Gewissheit*. O que ele quer mostrar é a continuidade entre o pensamento de Wittgenstein e tanto a tradição do naturalismo como a da filosofia do senso comum (como se esta fosse aliada indispensável de uma filosofia que se constitui como análise da linguagem *comum* ou *natural*). A intenção de Strawson, no uso que faz do § 99, é afastar-se do historicismo (a fim de reiterar as teses de Strawson e de Moore segundo as quais a Terra é mais antiga do que nós, nenhuma privacidade inefável nos separa uns dos outros e, por isso, estamos em plena universalidade de um mesmo mundo, a que todos temos acesso, onde podemos circular livremente, antes de qualquer reflexão, eu poderia dizer, com meu sotaque jauense-interiorano: "*êta mundo véio sem portêra!*"), incidindo, a nosso ver, nos mesmos equívocos de uma leitura de inspiração oposta (porque transcendental), mas igualmente universalista, como a de um Apel ou de um Giannotti.[22] Vejamos o que diz Wittgenstein no parágrafo em tela: "E mesmo a margem desse rio é feita, em parte, de rocha sólida, que não é sujeita a nenhuma modificação ou apenas a uma modificação imperceptível, e é feita em parte de uma areia que as águas levam para depositar, depois, ali adiante ou além". Detenhamo-nos, por um instante, nessa frase.

O propósito de Strawson é o de mostrar – mesmo admitindo, como o faz Wittgenstein, um movimento ou um intercâmbio entre as pseudoproposições que constituem o aglomerado de base e as proposições propriamente ditas que constituem o *Weltbild*[23] – que

---

nós pensemos como pensamos *de fato*. A questão da filosofia é outra: – por que pensamos assim? – Mais precisamente – *por que já não podemos pensar exatamente assim?*". Cf. PRADO JR., Bento. Sobre a filosofia do senso comum. In: *Alguns ensaios: filosofia, literatura, psicanálise*. 2. ed. São Paulo: Paz e Terra, 2000. p. 152.

[22] Cf. nosso ensaio "Erro, ilusão, loucura", citado anteriormente.

[23] Mobilidade descrita nos parágrafos anteriores, como segue: "§ 95 As proposições que descrevem essa imagem do mundo poderiam pertencer a uma espécie de mitologia. E seu papel é semelhante ao das regras do jogo; e esse jogo, podemos

não há razão, que não há nada além dos *Bounds of Sense*, limites de nossa experiência real ou possível, ou seja, trata-se de mostrar que o *framework* (simétrico à "mitologia" de que fala Wittgenstein) que entretece os *particulares* de base é fixo para sempre. De seu lado, naturalista e simpático ao senso comum, ecoa aqui o mesmo *universalismo* do pragmatismo transcendental da razão comunicativa de Apel, que aponta para um *jogo de linguagem universal* que subsumiria todos os jogos de linguagem, uma espécie de *órganon* (ao mesmo tempo sistema de regras lógicas, como na obra de Aristóteles, e *instrumento*) *fundador*, como o instrumento musical capaz de esgotar o campo do possível, produzindo todas as melodias e harmonias reais ou possíveis, passadas, presentes ou futuras da Castália imaginária do romance *Glasperlenspiel*, de Hermann Hesse.

Mas, para Wittgenstein, um tal *puríssimo jogo de pérolas de vidro* (ou essa insensata ideia de constituir uma *Characteristica Universalis*, sem pressupor a transparência interna da *Mônada* totalizadora, o infinito positivo do Entendimento Infinito de Deus) não pode ter lugar no cimo de uma montanha que permita sobrevoar os diferentes jogos de linguagem. E, mais ainda, os textos referidos de *Über Gewissheit* caminham em direção exatamente inversa, como já o indicam as metáforas heracliteanas do fluxo das águas no leito do rio. Wittgenstein não discordaria, creio, do ponto de partida de Strawson. Não é problemático admitir que só posso dominar reflexivamente as regras de minha língua materna (aprender sua gramática, ou explicitar teoricamente suas normas) depois de ter nela mergulhado irrefletidamente na minha infância através de uma *práxis* pura e originária. O que é problemático é admitir que, através de qualquer língua ou de qualquer cultura, a descrição de nossa *práxis* possa convergir, por meio de uma espécie de gramática comparada, em direção a um único *framework* categorial.

---

aprendê-lo de maneira clara, sem regras explícitas. § 96 Poderíamos pensar certas proposições, empíricas de forma, como solidificadas e funcionando como condutos para proposições empíricas fluidas, não solidificadas; e que essa relação se modificaria com o tempo, as proposições fluidas se solidificando e as proposições enrijecidas liquefazendo-se. § 97 A mitologia pode ver-se novamente tomada pela corrente, ou leito onde os pensamentos podem deslocar-se. Mas distingo entre o fluxo da água no leito do rio e o deslocamento deste último; embora não haja uma distinção clara entre ambos".

O que está em questão é o *fixismo* do sistema categorial, mesmo se ele não é imposto *a priori* por uma mítica Razão Transcendental, mas é o resultado, por assim dizer, "evolucionário" da experiência ou da história natural (*remember* Austin). De resto, com Cassirer a filosofia crítica já havia tornado pensável uma espécie de *historicidade do transcendental*, descrevendo as metamorfoses do sujeito transcendental e de seu sistema categorial.[24] O que escapa a Strawson é que, ao lado das "mudanças imperceptíveis" nas margens do rio ou do intercâmbio entre mitologia de base e proposições significativas do jogo, Wittgenstein aponta para o fato de que *os jogos se transformam, como se transformam as formas de vida*. Assim, por exemplo, Wittgenstein nota que as frases de Pascal sobre a beleza das demonstrações matemáticas perderam, de algum modo, seu sentido em nosso mundo: tal beleza não mais pode brilhar hoje, como brilhava no passado, por não ter lugar em nosso *Weltbild*: "É no interior de *tal* visão do mundo que essas demonstrações tinham sua *beleza*...". Sobretudo, parece escapar a Strawson que o § 90 de *Über Gewissheit* visam criticamente Moore – que não deixa de ser reincorporado pelo próprio Strawson ao sofisticar sua ideia de verdades do senso comum no horizonte inultrapassável do sentido (as categorias de base do *framework*). Assim, em *Skepticism and Naturalism*, Strawson pode chegar a dizer: "Na verdade, não há razão por que a metafísica deveria submeter-se docilmente a uma pressão historicista desse tipo. A imagem humana do mundo está, é claro, sujeita a mudanças. Mas permanece uma *visão humana do mundo*: uma imagem do mundo como mundo de objetos físicos (corpos) no espaço e no tempo, incluindo observadores humanos capazes de ação e de adquirir e partilhar conhecimento

---

[24] Operação realizada tanto em *O problema do conhecimento* quanto na *Filosofia das formas simbólicas*. Neste último, aliás, à nova analítica transcendental do juízo de experiência Cassirer justapõe os estudos empíricos de Gelb e Goldstein de patologia (afasia, apraxia, etc.), vendo aí uma espécie de "história natural da faculdade de julgar". Não se trata de fundar a teoria do juízo na psicofisiologia, mas de encontrar aí uma espécie de contraponto da análise propriamente epistemológica. Estamos longe das tentativas de localizar as "células" ou o "genoma" da alma, como na engraçada dedução "neurológica" do *cogito*, do *self* ou da *apercepção transcendental* realizada recentemente por Rodolfo R. Llinás em *I of the Vortex: from Neurons to Self* (Cambridge, MA; London: Bradford Book; The MIT Press, 2001). De resto, essa *historicidade do transcendental é francamente assumida pelo último Husserl e largamente desenvolvida por Heidegger, como veremos no capítulo que lhe será consagrado mais adiante*.

e erro, tanto de si mesmos como uns de outros e tudo o mais deve ser encontrado na natureza. Assim como a concepção constante daquilo que, na frase de Wittgenstein, 'não está sujeito a alteração ou somente a uma alteração imperceptível' é afastada da precisa ideia da alteração histórica na visão humana do mundo".

Deixemos de lado o que possa significar de "subjetivista" ou de antirrealista a ideia de uma *visão humana do mundo*, que poderia – por que não? – divergir da visão de um marciano ou de um querubim. O curioso é que Strawson é, ao mesmo tempo, "naturalista" e crítico do "psicofisiologismo" de Kant. Com efeito, na primeira página de *Bounds of Sense* encontramos a crítica a uma certa *misleading analogy* subjacente à empresa crítica: a despeito de distinguir o caráter *empírico* da constituição biopsíquica do homem (os órgãos dos sentidos e o sistema nervoso), Kant não deixaria de pensar as condições ou limites da inteligibilidade da experiência em estreita analogia com aquela constituição meramente empírica. Como ser "naturalista" desqualificando a constituição "natural-biológica" da espécie e manter-se para além (ou aquém) do relativismo (a experiência *para* tal espécie)? Sem recair no relativismo, é esse universalismo (talvez *demasiado humano*, como vimos) do senso comum que é dissolvido em *Über Gewissheit*, nos textos sobre *mudança* ou *multiplicidade* de jogos de linguagem ou de formas de vida. Uma multiplicidade que não transforma os jogos de linguagem em mônadas incomunicáveis. Voltando a um exemplo anterior, ao aprender refletidamente as regras da linguagem que praticava sem saber, torno-me capaz de aprender a gramática de *outras* línguas, *até mesmo do chinês*... que, para alguns, pode ecoar como ruído inumano.[25] Não me é impossível aprender o chinês ou o guarani de meus antepassados, mas talvez não seja tão simples que nos entendamos a respeito de categorias de base.

---

[25] Ver, por exemplo, o seguinte parágrafo de G.-G. Granger: "*C'est cette démarche que Wittgenstein appelle une* Beschreibung, *une description. Les jeux de langage simples qu'il imagine sont alors 'le pôles d'une description et non le rez-de-chassée d'une théorie'* (Remarques sur la philosophie de la psychologie, n. 633, p. 141, de l'Édition Granel). *Méthode qui est confirmée par un autre texte du même manuscript:* 'J'apprends à décrire ce que je vois; et j'apprends là tous les jeux de langage possibles' (n. 980, p. 202)" (GRANGER, Gilles-Gaston. *Invitation à la lecture de Wittgenstein*. Aix-en-Provence, Alinéa: 1990. p. 265).

§ 3 Um penúltimo passo é necessário, antes de entrarmos em *Bounds of Sense*. O necessário é acrescentar, visto o parágrafo anterior, algo ao comentário já encetado sobre a página consagrada ao argumento em *Skepticism and Naturalism*. Ou seja, trata-se de avançar na análise do equívoco de Strawson em sua leitura da frase de Wittgenstein sobre a dificuldade do *começo* em filosofia, emparelhada com as frases de Kant e de Heidegger. Ou ainda, trata-se de mostrar que não há *começo naturalista pensável para a filosofia* segundo Wittgenstein.[26] Textos importantes para neutralizar a leitura que Strawson faz de Wittgenstein são, entre outros, alguns parágrafos de *Über Gewissheit*, em particular o § 262 e os que vão de 609 a 612. Neles encontramos algo como a dimensão *negativa* da ideia de começo em filosofia, onde ecoa a longa tradição da reflexão filosófica sobre os *indemonstráveis*; onde parece ecoar, em particular, a belíssima frase de Pascal sobre os axiomas da matemática, quando diz: "Essa falta [de demonstração dos axiomas] não é uma falta, mas uma perfeição".

Leiamos[27] em primeiro lugar o § 262: "Eu posso pensar num homem que tivesse sido educado em circunstâncias muito particulares, em quem tivesse sido inculcada a ideia segundo a qual a Terra só teria existido nos últimos 50 anos e que acredita nesse fato. Nós poderíamos ensiná-lo: a Terra existe há já muito tempo, etc. – Nós tentaríamos dar-lhe nossa imagem do mundo. O que se produziria pelo efeito de uma espécie de *persuasão*". Como estamos distantes daquele universo tranquilo e transparente, que tem em sua base o horizonte espaçotemporal habitado por corpos materiais e por pessoas

---

[26] Em outro lugar, procurei mostrar os equívocos da teoria do sonho proposta por Norman Malcolm, que também relembra, a propósito de sua questão, o imperativo wittgensteiniano de não *regredir* indefinidamente, de *parar em algum lugar* para *começar* pelo começo. Em meu texto (Le dépistage de l'erreur de catégorie: les cas du rêve. *Catégories, Cahiers de Philosophie du Langage*, Paris, n. 5, p. 203-230, 2003, número coordenado por Antoine Ruscio e Michael Soubbotnik), procuro mostrar que ao arrepio da concepção wittgensteiniana Norman Malcolm vai encontrar a base do conceito de sonho no domínio dos fatos ou da história natural, multiplicando os enigmas em lugar de dissolvê-los: o *fenômeno natural* da narrativa matinal do sonho não é tão *queer* quanto qualquer forma de alucinação? Alguma continuidade parece haver entre as heresias de N. Malcolm e de P. Strawson de um ponto de vista estritamente wittgensteiniano.

[27] Retomamos, aqui, uma análise já encetada em nosso livro *Erro, ilusão, loucura*, p. 42-45.

que podem entrar em acordo racional, a partir do arcabouço categorial que partilham, a respeito de tudo o que ocorre do mundo ou na natureza (aqui sinônimos)! Que é, com efeito, *persuadir*? A ideia de persuasão remete-nos, de imediato, antes à *retórica* do que à *lógica*. Persuadir é levar alguém a *converter-se*, a mudar de opinião, de crença ou de *Weltbild*.[28] Estamos mais do lado dos sofistas do que do lado da filosofia clássica grega. Lembremo-nos da frase de Wittgenstein a respeito do conflito Sócrates *versus* Sofistas: Sócrates reduz os sofistas ao silêncio (o sofista não sabe o que crê saber), mas isso não é um triunfo: Sócrates não pode exclamar triunfalmente "Não sabemos nada!". Numa palavra, não há uma *episteme* que possa substituir inteiramente a *doxa*. Resta-nos o *peithó*,[29] o poder de mudar, através de alguma arte que não seja puramente lógica ou empírica, a crença de outrem.[30] Com efeito, a demonstração racional pressupõe algo como uma *universalidade dada* ou um *público universal*, enquanto a persuasão admite que nos dirigimos a um público particular ou *diferencial*; essa ideia de um público diferencial está implicada na noção wittgensteiniana da *essencial multiplicidade dos jogos de linguagem*.[31] Não podemos

---

[28] É necessário distinguir, na linguagem de Wittgenstein, os sentidos das expressões "*Weltbild*" e "*Weltanschauung*". A primeira remete ao subsolo inconsciente de um jogo de linguagem, a segunda, a uma *teoria filosófica que pretende fundar ou interpretar* um *Weltbild*. O *Vernünftige Mensch*, o homem razoável ou o homem comum, apoia-se no seu *Weltbild* sem interrogá-lo e sem buscar um fundamento último. O filósofo instaura uma *Weltanschauung* quando busca fundamento para o seu *Grundlösige Weltbild*. Lembremo-nos da cela de *Über Gewissheit*: uma senhora ouve o diálogo entre dois filósofos que discutem a existência do mundo exterior (ou *desta árvore* – o "particular de base" de Strawson – o que é a mesma coisa) e um deles diz, mais ou menos: "minha senhora, não somos loucos, estamos apenas conversando filosofia". Na sua busca por categorias universais de base, Strawson é, na linguagem, de Wittgenstein, atropelado, sem perceber, por uma *Weltanschauung*. Ser naturalista ou ser idealista são duas formas da mesma *hybris*, que nos leva a dizer o que não pode ser dito, a fazer a filosofia degenerar, passando de pura atividade reflexiva e apofática à ingênua produção de teses sobre a estrutura da natureza ou do Ser.

[29] Verbo que remete à deusa grega Peitho.

[30] Como a aposta pascaliana que, sem *demonstrar* a existência de Deus, pode *mover* (co-*mover*) a alma do interlocutor. Convertendo-o à boa fé.

[31] Cf., a propósito dessa distinção (convencer *versus* persuadir), PERELMAN, Ch.; OLBRECHTS-TYTECA, L. *Traité de l'argumentation*. Paris: P.U.F., 1958, particularmente v. I, p. 34-39.

demonstrar ao nosso interlocutor que a Terra existe há milhões de anos, já que, para tanto, seria preciso desligá-lo do aglomerado das pseudoproposições (solidárias daquela que afirma que a Terra tem 50 anos), impondo-lhes o nosso *Weltbild* (o aglomerado de pseudoproposições subjacentes, em nossa forma de vida, à tese geológica da idade do planeta).

Voltemo-nos, agora, para os §§ 609-612, em que podemos ler: "609. Suponhamos que encontremos pessoas que não as considerem razões plausíveis [as razões aludidas no parágrafo anterior, que me levariam a agir segundo as proposições da física]. Como haveremos de no-lo representar? Em lugar do físico, eles consultam, digamos, um oráculo. (E por isso nós os consideramos como primitivos.) Estarão errados ao consultar oráculo e ao se regular segundo ele? – Se chamamos isso de 'erro', não estamos em vias de sair de nosso jogo de linguagem e de *atacar* o deles? // 610. E temos razão de combatê-lo ou não temos? Certo, utilizaremos todas as espécies de *slogans* para sustentar nosso ataque. // 611. Eu disse que 'combateria' o outro, mas não lhe daria eu *razões*? Sim; mas até onde irão elas? Ao termo das razões, há a *persuasão*. (Pense no que ocorre quando um missionário converte os indígenas)".

Esses textos lançam uma luz retrospectiva sobre a frase a respeito do "começo" da filosofia que vai a contrapelo da leitura de Strawson. Assim como o começo da filosofia não tem, por assim dizer, um *antes* (como não veem os que buscam um começo absoluto e são condenados à regressão ao infinito), *só posso argumentar racionalmente contra o pensamento primitivo até certo ponto*. Noutras palavras, a razão não é suficiente para impor uma visão "científica" do mundo. E o limite da razão não é a desrazão ou o *Unsinn*. Sobretudo, não se trata de opor o "pensamento lógico" a um pensamento "pré-lógico": a mitologia está dos dois lados desse combate dialético ou retórico (e, aliás, muito cedo Wittgenstein opunha a inteligência da mitologia grega arcaica à burrice da mitologia da causalidade da filosofia da ciência moderna).

Houve quem colocasse – não somos os primeiros – em questão a retomada, por Strawson, do argumento transcendental. Mas o fizeram insistindo que o filósofo, assim, reanimava "a misteriosa metafísica do idealismo transcendental kantiano"[32] ("misteriosa" para quem? Talvez complexa e rica demais para todo mundo, especialmente para positivistas ferrenhos. Misterioso não seria antes o que transcende a Razão, que seus inimigos dão de barato: no passado as Ideias de Deus, da Alma e do Mundo tomado como totalidade, hoje a inocente Natureza em seu ser-em-si, que redunda no mesmo, *na Metafísica dogmaticamente considerada?*[33]). E acrescentam que o próprio Strawson teria admitido tal crítica em *Skepticism and Naturalism*. Tê-lo-ia feito, de todo coração? E o parágrafo do primeiro capítulo do livro que comentamos no nosso § 2? Talvez o assunto tenha mais de uma face e exija um exame mais detalhado, como tentaremos fazer em seguida.

§ 4 Um último passo, antes de entrar na leitura strawsoniana de Kant. Em parágrafos anteriores, sublinhamos o choque entre o "naturalismo" de Strawson e as filosofias de Wittgenstein e de Kant, que nosso autor

---

[32] Cf. o verbete "Strawson" em *The Cambridge Dictionary of Philosophy*. 2. ed. Cambridge: Cambridge University Press, 1999.

[33] É preciso admiti-lo: somos seres naturais e pertencemos a seu reino, como Kant, sem transgredir os limites da Razão, admitia sermos membros do Reino do Deus Criador. Opiniões de base diferentes (a *doxa* que precede a *episteme* e que esta pressupõe necessariamente, ou, na linguagem de Cambridge e de Oxford, o incontornável senso comum ou a *ontologia atuante* – o vocabulário é de Strawson e a ele retornaremos – anterior a qualquer reflexão), insignificantes do ponto de vista da análise conceitual. Mas que isso implica para a filosofia, para a metafísica e, principalmente, para a *lógica*, que é o domínio, aqui, mas apenas aqui, de nossos adversários? É certo que não há atos mentais – proposições, por exemplo – sem o correlato natural de processos cerebrais: imagino conexões sinápticas abertas ou fechadas. Alguém descerebrado não poderá jamais enunciar nada. Mas, se digo 1 = 1, ou 1 = 2.379.090, terei, em ambos casos, o necessário correlato material, que, suponho, seja elétrico-químico, físico ("em-si", no limite). Podemos supor, como parece evidente, conexões *destruídas ou reconstruídas* – há evidências empíricas, para quem se lembra de Gelb e de Goldstein, pelo menos através de Cassirer e de Merleau-Ponty. Mas, a partir dessas evidências para inferir conexões verdadeiras, falsas ou absurdas, não anularemos a necessidade absoluta ou puramente *lógica* de admitir um espaço entre o *sentido* e a alternativa V/F? A ideia de uma *verdade-em-si* já é problemática: uma verdade muda? Mais problemática será a ideia de um *sentido-em-si*, só admissível numa espécie de platonismo, descartado de início pelos atuais profissionais da filosofia. Mas que resta e sempre restará uma possibilidade de pensamento. Não é verdade que Whitehead dizia que toda a história da filosofia não passava de notas de página, ao pé dos clássicos textos de Platão?

parece recalcar ou não poder vislumbrar. Cabe agora inverter o procedimento e apontar para a instância em que seu pensamento parece convergir com a inspiração mais profunda da filosofia crítica ou, pelo menos, com uma de suas faces. Pensamos aqui na limitação de uma concepção puramente *formal* da lógica e sua complementação por algo como uma "dedução" (expressão cujo sentido será preciso esclarecer) das categorias, que nos faz passar da pura lógica à ontologia, a partir do campo prévio da reflexão epistemológica.

É difícil imaginar uma teoria da lógica sem qualquer remissão à ontologia: que seria o puro *lógos* se não se articulasse com alguma forma de ser ou de realidade? No máximo uma espécie de parmenidianismo sem teoria do Ser, a monótona repetição de que a = a, *blá-blá-blá* eterno e monótono. Desde Aristóteles sabemos disso – é preciso que o raciocínio siga dentro dos limites das *categorias* (ao mesmo tempo, *formas de predicação* e *formas de ser*); mais que isso, a dedução ou o silogismo, para ser legítimo ou científico, precisa espelhar um devir real e sua articulação causal ("o meio-termo tem de ser a *causa*"). Deixando de lado Leibniz, para quem essa articulação é tão importante, voltemos ao horizonte mais próximo do raciocínio que acompanhamos. Para Strawson, trata-se de mostrar que, contra o primeiro Wittgenstein e contra Russell, um hiato separa a forma canônica da lógica e a estrutura do mundo. Em *Inquiry into Meaning and Truth*, Russell afirma: "Há no mundo algo que corresponde à distinção entre as partes do discurso, tal como se apresenta na linguagem lógica? De minha parte, creio de bom grado que podemos atingir – graças em parte ao estudo da sintaxe – a uma apreciável soma de conhecimentos concernentes à estrutura do mundo" (Trad. Ph. Devaux, p. 369). Sem a clareza e o rigor do *Tractatus*, temos aqui a afirmação de que a estrutura lógica da linguagem é isomórfica à estrutura ontológica do mundo, que o *Lógos* é ligado ao *Tó ti en einai*.

Ora, é justamente essa passagem direta da arquitetura da linguagem à do mundo que é colocada em questão por Strawson – como se ele se colocasse Russell com Kant (ou mesmo Hume) em face de Leibniz. Noutras palavras, num caso como no outro, a pura análise lógica não abre o caminho para a experiência do real. E é reportando-se diretamente a Kant que Strawson usa a epistemologia para estabelecer uma ponte entre a lógica e a ontologia, como o diz explicitamente na abertura do quarto capítulo de sua *Introdução à filosofia*: "Eu disse, seguindo Kant, que o uso de conceitos, ou de seu uso fundamental, reside no julgamento, em conscientemente formar ou sustentar crenças sobre o que é o caso" (p. 73). Deixemos de lado o uso da expressão "crença" que, no entanto, faz problema a ser examinado mais tarde, para perguntarmos, apenas, como pode dizê-lo, nosso autor, de dentro da tradição de que emerge. Não decidiu a nova lógica – ou a filosofia analítica como um todo – que, além de a estrutura predicativa do juízo não ser universal, é impossível falar em *juízos sintéticos a priori*, demolindo o edifício da filosofia crítica em sua base mais funda e sólida?

Desde muito cedo, Strawson afasta-se de Russell, assegurando que descrições definidas (como o famoso enunciado "O atual rei de França é careca") é analisável em termos de predicação: S é P. Mas isso, cremos, é o menos importante. Mais central parece ser a tese de que a lógica formal não é capaz de dar conta da complexidade da linguagem natural (que não seria *naturalmente ambígua*), essa linguagem que nós *habitamos* naturalmente como habitamos nosso mundo comum. As paráfrases lógicas de nossas expressões habituais não dão, em transparência, a estrutura complexa do que foi efetivamente enunciado: os conectivos lógicos não correspondem exatamente aos conectivos da língua viva, como: *se... então, e, não*. É bem esse *hiato* que é sublinhado por Strawson, quando insiste, por exemplo, em que "Uma questão acerca dos conceitos básicos e categorias em termos dos quais organizamos nosso pensamento acerca do mundo, nossas crenças de como as coisas são, deve ser uma questão não somente acerca da estrutura abstrata do pensamento, mas acerca do *preenchimento* dessa estrutura" (p. 62).

De alguma maneira, é toda a lógica dos predicados que deveria ser repensada à luz do "contexto" da enunciação e das "pressuposições existenciais" dos enunciados. O difícil, na questão, é distinguir, no debate a respeito (ou nas sucessivas propostas de Russell, Quine, Davidson e o próprio Strawson), a dimensão puramente *técnica* da paráfrase lógica das alternativas propriamente filosóficas ou ontológicas que elas poderiam implicar. Um problema puramente técnico – pelo que implica de meramente pragmático: fazer assim ou assado, como for melhor – jamais será um problema autenticamente filosófico. E o próprio Strawson, que estaria de acordo quanto a essa oposição, não nos ajuda muito, no seu estilo tateante, interrogativo ou meramente hipotético. Jamais os cortes conceituais são feitos na forma do universal hipotético e do necessário, como no caso de Kant. Frequentemente, aqui, é o senso comum que parece ter a palavra, talvez possamos dizer que é o "desarmado" senso comum que, manipulando algumas "armas" de análise lógica, tenta estabelecer um limite *sensato* para a paráfrase canônica, tentando devolver-lhe acesso a nossa familiaridade pré-reflexiva com o mundo. Como se alguém dissesse: a habilidade em saltar, como nos circos, de um trapézio para o outro, sempre andando sobre cordas bambas, fez-nos esquecer como caminhar sobre a terra. Um pouco como o acrobata kafkiano que chorava ao se deslocar de um circo para o outro, obrigado a abandonar as alturas do trapézio onde *morava*, obrigado a fazer a viagem, nos inevitáveis trens, na rede suspensa onde se guardam as bagagens: o horror de tocar o chão com os seus próprios *pés*. Como se a livre pomba da análise lógica, não devendo resistir às asperidades da prática do discurso (uma resistência do ar para a eficácia do bater de suas asas), abandonasse o que Kant chamava "a pátria da verdade". Mesmo se, depois das proezas formais, fossem permitidas todas as bizarrias do pensamento, como na definição de Burali-Forti do número 1, em que o *definiendum* parece curiosamente fazer parte do *definiens*, numa definição "*pasigráfica*" dessa noção trivial para o senso comum. Não é por acaso que Henri Poincaré disse aí ver uma maneira propícia para dar uma ideia do número 1 para as pessoas que jamais ouviram falar dele...

É evidente que há problemas. Por exemplo, a "semântica" de Tarski, que afirma que "A proposição 'o copo está cheio' é verdadeira se o copo está cheio". Ou o rigor e a sutileza me escapam ou estamos diante de uma "verdade" trivial que não nos leva à filosofia ou provoca o pensamento. E, mais, tal solução técnico-semântica não levanta todas as dificuldades engendradas pela lógica de Russell, que não foram esvaziadas pela famosa "teoria dos tipos". Antes de seguir, poderíamos dizer que as paráfrases lógicas constituem "um jogo de linguagem" entre mil outros, que não podem sobrevoar a todos, como diria com alguma evidência o segundo Wittgenstein. Onde está esse universal, no mundo da *práxis* ou da vida, fora dos manuais acadêmicos – esse gênero ou prática literária entre mil outras? Lembro que o jovem Wittgenstein – pré-*Tractatus* – sugeria que entre a proposição "as uvas estão verdes" e o fato *as uvas estão verdes* talvez só a música pudesse *mostrar* a remissão admitida ingenuamente pelo senso comum.

É claro que aqui estamos confundindo vários níveis de análise – mas a convicção permanece de que um equívoco comum os atravessa –, e é momento de retornar a Strawson e a sua maneira de tentar dissolver as ambiguidades referidas. Para começar, sublinhemos a novidade introduzida por Strawson na sua *Introduction to Logical Theory*, quando afirma a necessidade de introduzir, na análise lógica, a instância das "pressuposições existenciais", que não só ligam as palavras às coisas, mas também permitem mostrar a presença do absurdo lá onde a análise padrão veria contradição. É o que transparece na análise da expressão "Todos os filhos de João estão dormindo". Sem a pressuposição de que João tem filhos, poderíamos pensar que estamos diante de uma simples contradição. Ao que Strawson contrapõe: "Se um enunciado S pressupõe um enunciado S' no sentido de que a verdade de S' é uma condição prévia da verdade-ou-falsidade de S, então, claro, haverá absurdo lógico em unir S *com a negação de S*' [...] Mas é preciso distinguir essa classe de absurdo lógico de uma outra autocontradição pura e simples. É autocontraditório unir S com a negação de S' se S' é uma condição necessária de verdade pura e simplesmente de S. É uma classe de absurdo lógico diferente de unir S com S' se S' é condição necessária da *verdade* ou *falsidade* de S. A relação entre S e S' no primeiro caso é a de que S implica S'. Necessitamos de um outro nome para a relação de S e S' no segundo caso; digamos, como antes, S *pressupõe* S'" (p. 175). Numa palavra, essa distinção "lógica" já é uma distinção entre uma mera necessidade analítica e uma relação de "possibilitar" (tornar possível), ou de tornar *pensável* ou *significativo* (antes da decisão V/F). Passamos assim, na linguagem de Kant, da lógica formal à experiência possível, ou, na de Strawson, à metafísica ou à ontologia. Já no início da dedução transcendental (§ 14) algo de semelhante era efetuado: "em relação ao uso meramente lógico do entendimento, fica determinado a qual dos conceitos se queria atribuir a função de sujeito e a qual a de predicado. Pois também se pode dizer: algo divisível é um corpo. Pela categoria da substância, porém, se nela fizer incluir o conceito de corpo, determina-se que a sua intuição empírica na experiência deverá sempre ser considerada como sujeito, nunca como simples predicado; e assim em todas as restantes categorias" (p. 127, tradução portuguesa). É a mesma assimetria categorial entre sujeito e predicado (e sempre a categoria "corpo material") que reencontramos na ontologia de Strawson.

Esse passo kantiano é dado, por exemplo, em *Individuals*: "A expressão-sujeito que introduz um particular acarreta uma pressuposição de um fato empírico definido, enquanto a expressão-predicado, que introduz um universal, não acarreta tal pressuposição. Aqui tem lugar uma assimetria a respeito de afirmações de *pressuposição* e existência que podem ser o fundamento da preferência por um modo de enunciar a afirmação da *implicação* de existência sobre outro modo" (p. 238).

I.2 A re(des)construção da *Crítica* na abertura de *The Bounds of Sense*

§ 1 Para entrar finalmente no nosso assunto, cabe lembrar que, contra a ideia de um afastamento em relação a Kant, posterior a *The Bounds of Sense*, especialmente a partir de *Skepticism and Naturalism*, que procuramos contestar há pouco, devemos lembrar uma frase especial e surpreendentemente aguda de Searle, que dizia no verbete que consagrou a nosso filósofo há mais de 30 anos: "*One might say that* Individuals *employs essentially Kantian methods to arrive at Aristotelian conclusions*".[34] Assim, parece bem descrito o itinerário filosófico do autor de *Individuals*. Mas não haveria aí algum paradoxo? Passar pelo idealismo crítico ou pela obra do "maior filósofo da modernidade", para retornar ao realismo da filosofia antiga, contra a qual se levantou toda a filosofia moderna? Por que não retomar simplesmente a simples e boa direção da filosofia do senso comum (de origem escocesa, com Reid, e posteridade inglesa, com Moore, e com a cumplicidade de

---

[34] Verbete de Searle sobre Strawson, em *The Encyclopedia of Philosophy*.

todo o neotomismo continental)? Mais adiante veremos como essa virada não é tão surpreendente e pode ser encontrada também no itinerário de Heidegger, cuja leitura de Kant será nosso próximo passo, após o exame da obra de Strawson. Para bem poder abrir as primeiras páginas do livro que é nosso alvo neste momento da pesquisa, que me seja permitida uma breve digressão.

Já disse, alhures, que a história das filosofias moderna e contemporânea poderia ser descrita, muito esquematicamente, é claro, como um longo processo de despsicologização da ideia cartesiana e fundadora do *ego cogito*. Tudo se passa, dizia então, como se Kant (cartesiano à sua maneira) procurasse "despsicologizar" o *cogito* cartesiano; como se Husserl (também cartesiano à sua maneira) denunciasse a psicologização do sujeito operada por Kant; como se Wittgenstein (kantiano à sua maneira) tivesse se empenhado em despsicologizar a fenomenologia. Heidegger, a quem acabamos de nos referir, não deixa de constituir um capítulo dessa mesma história: ataca o "realismo" (forma mais que brutal de psicologismo) da definição do sujeito como **res** *cogitans*, distanciando-se ainda de seu próprio mestre,[35] por razões semelhantes, tenta salvar Kant e sua posteridade (trazendo-o para perto de si, para escândalo de Cassirer), para finalmente, após o *Kehr*, poder ruminar os textos de Aristóteles, em sua meditação final sobre o *Ser*, para além do esquecimento moderno que privilegiou o inessencial: a esfera demasiado humana da subjetividade (o *humanismo*, como emblema do esquecimento do *Ser*, do *Sentido* e da *Verdade*). Não haveria um certo paralelismo entre este último itinerário e aquele descrito numa única frase por Searle? É o que poderemos avaliar na abertura de *The Bounds of Sense*.

---

[35] Numa das pontas mais extremas dessa história, Sartre, em seu primeiro grande ensaio ("La transcendance de l'ego", publicado em 1936-1937 na revista *Recherches Philosophiques*), vai mais longe do que Heidegger, mantendo uma certa fidelidade a Descartes. De um lado, é certo que o *ego* é uma coisa transcendente e intramundana, mas ela não compromete o caráter puro ou transcendental da consciência ou da subjetividade. O *eu* é essencialmente psicológico e empírico, à filosofia só interessa a subjetividade ou a consciência como puro transcendental ou como pura *transcendência*, movimento que a leva para além do dado para definir o horizonte (o *framework*, na linguagem de Strawson) do Mundo. Eu cito o texto crucial: "*Nous voudrions montrer ici que l'ego n'est ni formellement ni matériellement **dans la** conscience: il est dehors, **dans le monde**; c'est un être du monde comme l'ego d'autrui*".

Detenhamo-nos na primeira parte ("Two Faces of the Critique") da "General Review" que constitui a introdução à obra. O texto é claro e seu andamento se faz por etapas explicitamente demarcadas. Muito esquematicamente, poderíamos dizer que esse andamento é marcado por três etapas: 1) exposição do projeto do livro, §§ 1-2; 2) detalhamento dos *temas* da *Crítica* que serão examinados; e 3) a ênfase nos desvios da crítica (derivados de analogias enganadoras) a serem corrigidos, para reconciliar o melhor da filosofia de Kant (*o maior dos filósofos modernos*) com o melhor da filosofia analítica contemporânea (*com a filosofia de hoje*) e, por que não dizê-lo?, com o *senso comum*.

Nos dois primeiros parágrafos estão assinalados os aspectos positivo e negativo da *Crítica* examinados ao longo da obra: de um lado o projeto de delimitar o campo da experiência possível, correspondente ao desenho do *framework* categorial de *Individuals* (que não deve ser uma obra de uma imaginação livre que desenha "mundos possíveis" de maneira gramatical, mas não "constitutiva"); de outro, o rebaixamento dessa tarefa ao nível do psicologismo: ou seja, a ideia de que os limites do pensável ou do cognoscível só são determináveis através de uma espécie de quase psicofisiologia, de um exame da "constituição cognitiva do sujeito humano".

Do § 3 ao § 7, começa o exame dos *temas* da filosofia crítica, sempre guiado pela intenção de separar o joio do trigo, para mostrar a possibilidade de sua retomada, no presente, segundo um novo estilo. O ponto de partida é o privilégio concedido ao que Strawson chama de *Kant's principle of significance*, numa linguagem (ou num *idioma*) que é revelador. Com efeito, a ideia kantiana de determinar os limites da Razão, de demolir a metafísica transcendente, pode ser bem recebida pelo filósofo de filiação empirista e que vê, no exame lógico-gramatical da linguagem, isto é, na delimitação do uso significativo da linguagem, a tarefa essencial da filosofia. Mais ainda, tal limitação não é absoluta, já que Kant aponta de modo pertinente que ideias sem aplicação podem emergir da pesquisa científica e ter um uso positivo na *extensão* do conhecimento empírico.

Com a morte da metafísica transcendente, abre-se o espaço para um uso *científico* e positivo da metafísica: a delimitação do *framework* da aplicação ou do uso legítimo dos conceitos. Interpretando assim a obra de Kant, Strawson pode localizá-la de modo algo original na história da filosofia. Kant desvia-se, é certo, ninguém o ignora, da tradição empirista. Mas nosso autor aponta para um inegável parentesco entre as empresas do filósofo alemão e de Hume. Do empirismo "sofisticado" de Hume e a filosofia transcendental não haveria senão um passo (como sublinhou, de outro ponto de vista, Bento Prado Neto). Mas Kant não é Hume. Em todo caso, Kant não rejeita o empirismo no espírito do senso comum (ingênuo ou sofisticado), "*which has sometimes, in England, seemed to be the twentieth-century alternative to classical empiricism*" (p. 19).[36] Ele o rejeita porque a base empírica é insuficiente para dar acesso à perspectiva englobante do *framework* dos conceitos *aplicáveis* à experiência (sublinho essa expressão, que aponta para o *racionalismo aplicado* de Kant, para usar a famosa expressão de Gaston Bachelard). É a ideia da *aplicabilidade dos conceitos à experiência* como critério que faz a originalidade de Kant e que o opõe tanto a Descartes como a Hume (Strawson parece incluir Hume como um dos alvos da "Refutação do Idealismo" que Kant reserva a Descartes na *Crítica*).

Depois de mostrar assim a *harmonia* dos temas e dos conceitos privilegiados pela filosofia crítica, Strawson passa (do § 8 ao § 15) a apontar os aspectos negativos da obra de Kant, ou os desvios conceituais que acabam por comprometer e mesmo destruir a harmonia apontada. Até agora sua filosofia poderia ser vista como "*a truly empiricist philosophy*", que teria evitado os equívocos do empirismo clássico. Doravante, veremos como essa vitória aparente esconde equívocos graves. Como já dissemos, o grande equívoco é atribuir a possibilidade da aplicação dos conceitos à experiência a algo que está radicado "*into the structure of the cognitive capacities of beings as ourselves*".[37] A raiz desse desvio psicologista seria localizável

---

[36] Certamente é em Moore que Strawson pensa ao falar de "senso comum sofisticado".

[37] Pensando no paralelo futuro a ser estabelecido, cabe lembrar que o livro *Ser e Tempo*, de Heidegger, vê, como única introdução possível à interrogação pelo Ser, o prévio exame da estrutura do *Dasein*, de que se poderia dizer que é a estrutura de *beings as ourselves*. E, sobretudo, cabe lembrar que é tal estrutura que Heidegger há de reencontrar no coração da *Crítica da razão pura, como o seu grande mérito*, exatamente a contrapelo da avaliação de Strawson.

essencialmente na estrutura da *recognição*[38]: a) toda instância particular deve ser *reconhecida* como tendo alguma característica geral; b) o conceito como pré-condição do conhecimento empírico está baseado na *recognição* como habilidade cognitiva. Tais teses exprimem-se claramente na frase célebre: "O conceito sem intuição é vazio, a intuição sem conceito é cega".

Mas onde está o pecado? Na escolha do "idioma" psicológico. A complementaridade entre conceito e intuição só adquire sentido sobre o fundo de uma cartografia das *faculdades da alma*: a faculdade *ativa* do entendimento e a faculdade *passiva* da sensibilidade. O espaço e o tempo (ou, pelo menos, o tempo), como formas de *nossa sensibilidade*, são condições prévias para toda "instanciação" dos conceitos: "*Space and time themselves are accordingly declared to be 'in us', to be simply the forms of our sensibility, nothing but* [notar o vocabulário, que ressalta o 'reducionismo' psicologista] *our ways of being aware of particular things capable of being brought under the concepts*" (p. 20). E, do lado do entendimento, se nossos conceitos não envolvessem "*very general notions*", ou seja, as categorias, não poderia haver "*self-conscious awareness*" (notar o vocabulário) da sucessão da experiência no tempo. Mais uma vez, tais necessidades são todas consideradas *consequências* de nossa constituição cognitiva.

Eis aí o resultado desastroso da bela iniciativa kantiana. É certo que Kant inventa conceitos novos e distinções sutis, quando conjuga idealismo transcendental e realismo empírico. É certo ainda que não labora em erro quando se opõe ao idealismo empírico que, supondo a *realidade* dos sucessivos estados de consciência, dissolve a *realidade* das coisas extramentais e do Mundo enquanto tal. O seu realismo empírico elimina qualquer forma de privilégio ontológico dos estados de consciência, chegando a fazer da realidade da coisa permanente ao longo do tempo uma condição prévia para a verdade do *cogito, sum*. Mas, para Strawson, a despeito da refutação do Idealismo, Kant, ao contrário do que pensa, está muito próximo de Berkeley.

---

[38] Deleuze também verá na ideia de *recognição* o grande pecado da crítica, mas por razões infinitamente distantes das razões de Strawson: uma outra crítica a Kant, uma outra filosofia de estilo radicalmente outro.

Na verdade, o que há de inaceitável na crítica kantiana é a dualidade entre a espontaneidade ordenadora e a receptividade, o hiato que fende ao meio o *homo duplex*. Poderíamos, segundo ele, fazer uma leitura caridosa de Kant, ignorando esse aspecto: "*Again, we may be tempted to interpret the whole model of mind-made Nature as simply a device for presenting an analytical or conceptual inquiry in a form readily grasped by the picture-loving imagination*" (p. 22). Essa caridade interpretativa faria da linguagem escolhida por Kant (de seu idioma, como gosta de dizer Strawson) uma linguagem irônica, indireta ou metafórica (embora, digamos desde já, essa caridade pareça ser acompanhada de uma falta de caridade ou de perspicuidade filológica; seria a linguagem da filosofia atual *melhor* do que a de Kant, menos metafórica, *mais colada ao real em si?*).[39] Mas são razões aparentemente mais fortes que Strawson invoca para se distanciar de Kant: ele aponta a limitação da Razão como mera operação para resguardar o espaço da moral e da religião. Não é o próprio Kant que afirmava ter sido obrigado a limitar a Razão para dar lugar à Fé? Mas Strawson aponta também a revolução copernicana como uma superfície que esconde a redução do princípio da Significância ao aparato cognitivo do entendimento como faculdade da alma, o que conduziria necessariamente à ideia esdrúxula: "*the theory of the mind making Nature*". A confirmação seria encontrada na solução kantiana da primeira Antinomia, que retoma o essencial da estética em nível superior, ou seja, a tese da *idealidade* do tempo e do espaço. Tal seria uma tese particularmente *misleading*, se o projeto fosse apenas o projeto sensato de fornecer uma solução para a aplicação do princípio de significância à questão de se o mundo é ou não é limitado no espaço e no tempo.

No último parágrafo (§ 15) dessa primeira parte da "General Review", Strawson distancia-se um pouco dos temas explorados para fornecer um quadro e uma avaliação gerais da *Crítica* nos níveis

---

[39] Com essa observação, tomo, para mim, os belos argumentos de Gordon Baker contra a leitura analítica de Descartes, que – ignorando o estilo do latim filosófico do século XVII – projeta nele um dualismo realmente fantasmático. Segundo Baker, não se pode falar de um "fantasma na máquina" a propósito de Descartes; mas podemos falar do mito ou do fantasma do dualismo cartesiano, criado pela filosofia analítica.

sucessivos da geometria, da física e da lógica. Observa-se, é claro, com alguma caridade, que o privilégio atribuído por Kant à lógica de Aristóteles, à geometria de Euclides e à física de Newton, como monumentos acabados da Razão, é atribuível ao horizonte histórico do filósofo alemão – seguramente ele não poderia refletir sobre as geometrias não euclidianas e sobre a física relativista, que só vieram a ser depois de sua morte... Mas nem por isso o juízo deixa de ser crítico, embora com intensidades muito diferentes em cada um desses três níveis. Dando de barato que Kant não poderia refletir sobre uma geometria que viria depois, mas sublinhando que a história posterior deve ser objeto de reflexão pelo filósofo contemporâneo, Strawson não deixa de insistir no interesse sempre vivo da reflexão kantiana sobre a geometria. Já no que se refere à análise dos fundamentos da física, Strawson já é mais reticente, como se tornaria claro no capítulo central das Analogias da Experiência. Mas tais aspectos só poderemos examinar adiante. Só assinalamos, para terminar, o tom bem mais áspero das observações sobre o estatuto da lógica, como era de se esperar por parte de um filósofo analítico. Isso sem deixar de citar a curiosa convergência, neste ponto, da crítica de Strawson com a de... Schopenhauer! Este último, que está longe – muito mais longe que o próprio Kant – de qualquer reapropriação "analítica" (com a exceção de sempre, de Wittgenstein, que talvez jamais tenha deixado de ser schopenhaueriano de alguma maneira), já criticava no autor da *Crítica* o seu formalismo, a necessidade da simetria ou, numa metáfora arquitetônica, a obsessão por *falsas janelas*. É mais ou menos o que diz Strawson: "*As for the effect of Kant's uncritical acceptance, and unconstrained manipulation, of the forms and classifications of traditional logic, this is of a rather different kind. It may be held responsible for his boundless faith in a certain structural framework, elaborate and symmetrical, which he adapts freely from formal logic as he understands it and determinedly imposes on the whole range of his material. [...] The artificial and elaborate symmetry of this imposed structure has a character which, if anything deserves the title of baroque, deserves that title*" (p. 23-24).

Podemos sopitar uma última observação: não poderia o leitor malévolo (nada caridoso) reconhecer nessa descrição de um defeito estilístico o estilo próprio de boa parte da filosofia analítica do século

XX? Não está essa crítica do "barroquismo" de uma certa filosofia implícita na crítica que Strawson endereça a Davidson, em tom gentil, a propósito de sua proposta de paráfrase lógica de certas expressões da linguagem comum? É algo dessa natureza que parece transparecer no capítulo 8 de *Análise e metafísica*, em que a operação davidsoniana é caracterizada, ao mesmo tempo, como extremamente *engenhosa* e *desnecessária* (não seria essa ideia de *engenhosidade desnecessária* – como a que inscreve janelas falsas na fachada dos edifícios – que dá o sentido do uso pejorativo do adjetivo "barroco"?).

§ 2 O livro de Strawson, de cuja primeira parte ("General Review") fizemos uma rápida abordagem, é composto de cinco partes, que percorrem a *Crítica da razão pura* de ponta a ponta, da estética à dialética transcendental. Talvez o coração da obra esteja, como sugerido no parágrafo anterior, nas duas últimas seções da segunda parte, consagradas à dedução das categorias do entendimento e à passagem das analogias da experiência às antinomias da Razão. Já observamos, todavia, a decrescente valorização da obra do filósofo de Königsberg por Strawson, nos níveis sucessivos da 1) geometria, da 2) física e da 3) lógica – com consequências fortes para a metafísica entendida positivamente como delimitação do *framework* da linguagem e do mundo. Nosso interesse principal é nos determos nas partes 2 ("The Metaphysics of Experience") e 4 ("The Metaphysics of Transcendental Idealism"), em que o esforço da separação entre o "joio" e o "trigo" da filosofia crítica mostra sua forma mais aguda. Porém, antes de abordarmos a interpretação e a avaliação que Strawson faz, talvez convenha, invertendo a ordem "natural" da leitura, começarmos levando em consideração o privilégio atribuído à filosofia kantiana da geometria (sobre cujo interesse vivo e atual Strawson insiste, como vamos ver), pela quinta e última parte de seu livro: "Kant's Theory of Geometry".

Esse texto é mais um *anexo* do que uma *conclusão* do livro. E essa situação particular é um convite a mais para começarmos pelo lugar menos espontâneo, já que parece indicar uma peculiaridade essencial da leitura strawsoniana de Kant. Talvez seja aí que o caráter especulativo da obra se revele de maneira mais pura; lá onde o *engagement* metafísico do filósofo-leitor se manifesta da maneira mais clara.

O anexo não começa por uma análise do texto kantiano, mas pelo exame crítico de sua *posteridade*. A primeira seção traz, com efeito, o título de "The Theory and Its Critics". Strawson começa por apontar a ambiguidade aparente do argumento kantiano sobre o estatuto próprio da geometria, parecendo confundir as instâncias da necessidade lógica e das peculiaridades do empírico. As proposições geométricas são *necessárias*, sem serem *analíticas*; mais ainda, implicam um *conteúdo intuitivo*, sem qualquer base empírica. Confusão entre o lógico e o empírico? Kant, é claro, nega qualquer forma de confusão, através de sua teoria da subjetividade do espaço "*as a mere*[40] *form of intuition belonging to our cognitive constitution*.[41]

Ora, sem minimizar em nada sua crítica a Kant, é bem uma remodelagem da teoria kantiana da geometria que Strawson opera nesse capítulo, livrando a filosofia crítica de suas "confusões" e reconduzindo-a ao bom caminho. É preciso, é claro, criticar a noção de "intuição não empírica", que remete à "imagem da mente que inspeciona em si mesma um *médium* no qual os objetos precisam aparecer diante dela e que determina a partir dessa inspeção, independentemente da aparência atual dos objetos, verdades que devem pertencer aos objetos *quando* eles aparecem" (p. 278). Mas não é por essa razão – ou pelo fato de que "*to these words nor to these picture is it easy to attach any clear meaning*" (p. 278) – que Strawson adere à crítica canônica da filosofia kantiana da geometria e à qual atribui a etiqueta geral de "positivista" (como Strawson está argumentando contra o "positivismo" e como privilegia o uso comum da linguagem, essa crítica poderia ser entendida da seguinte maneira: é preciso valorizar a vida comum, a esfera do pré-teórico, mais significativa no dia a dia do que a esfera das verdades objetivas; mas essa interpretação não pode ser mantida – qualquer que seja a simpatia de Strawson por Moore ou Austin –, já que a questão em pauta é puramente epistemológica, ou seja, a questão da legitimidade do conceito de juízo sintético *a priori*). A crítica, é claro, visa à ideia de proposição sintética *a priori*. Na contramão da

---

[40] Kant usaria a expressão "pura" em lugar de "mera".

[41] Tal expressão desvia um pouco a linguagem kantiana na direção de alguma forma de naturalismo.

Crítica da razão pura, seus sucessores ou adversários opõem o analítico ao sintético como o lógico ao empírico. Nas palavras de Strawson: "O problema não existe, dessa perspectiva, pois, na medida em que há proposições geométricas necessárias, elas são, na realidade, verdades lógicas apenas incidentalmente geométricas; enquanto essas proposições são sintéticas e essencialmente geométricas, não são verdades necessárias de modo algum, mas hipóteses empíricas concernentes ao espaço físico, sujeitas a confirmação ou falsificação" (p. 278). Se, de um lado, a existência de geometrias não euclidianas consistentes não parece perturbar seriamente o kantiano estrito, o mesmo não ocorre com a negação da estrutura não euclidiana do espaço físico. Tal tese choca-se frontalmente contra o kantismo estrito.[42]

Contra a desqualificação positivista do caráter sintético dos juízos geométricos, Strawson invoca duas ordens de razões. A primeira delas é a "idealidade" do conceito construído na intuição. Estamos longe de objetos físicos. Modificando o sentido kantiano da palavra "fenomenal", Strawson fala da construção de figuras *fenomenais*. Para além da alternativa entre um "cálculo não interpretado" e uma "física geométrica", temos uma "geometria fenomenal", logicamente independente da intuição empírica. "Se há algo como uma geometria

---

[42] Embora não se choque com o convencionalismo – que por sua vez é conciliável com um kantismo reformado e ampliado. Mas Strawson deixa de lado o convencionalismo, que se choca de frente contra a fixidez do *framework* conceitual que pretende desenhar. Um Cassirer, por exemplo, não deixa de se inspirar em Kant, aceitando tanto as geometrias não euclidianas e a física relativista (mas retornaremos a este assunto pormenorizadamente adiante, no capítulo IV). E o próprio Kant chega a definir a racionalidade mais como *consenso* do que como *adequação*, como se pode ver claramente na *Crítica da faculdade de julgar*, em seu § 40: "O entendimento humano que, como meramente são (ainda não cultivado), é considerado o mínimo que se pode esperar de quem aspira a ser qualificado de homem, goza também da humilhante honra de ser qualificado de senso comum, de sorte que com a palavra *comum* (não só em nossa língua, que dá a este vocábulo uma verdadeira dupla acepção, mas também em muitas outras) se designa o vulgar, o que se encontra em qualquer parte, razão pela qual possuí-lo não constitui um mérito ou uma excelência. // Mas por *sensus communis* há que entender a ideia de um senso comunitário, quer dizer, de uma faculdade de julgar que em ideia (*a priori*) se atém em sua reflexão ao modo de representação dos demais, com o objetivo de ajustar, por assim dizer, seu juízo à razão humana total, subtraindo-se assim à ilusão que, procedente de condições pessoais subjetivas facilmente confundíveis com as objetivas, poderia exercer influência perniciosa sobre o juízo".

fenomenal, então se pode dizer que seria primeiramente uma geometria das *aparências* espaciais das coisas e somente secundariamente uma geometria das próprias coisas físicas" (p. 282). Mas como passar dessa geometria das aparências a uma física geométrica? A idealidade das formas da intuição na estética transcendental garantia, *ab initio*, essa passagem. A saída de Strawson não é "idealista" nesse sentido da palavra. Ela é permitida por um argumento, digamos, de senso comum: "De outro lado, tal geometria não deixará de ter relações com os objetos espaciais dados pelos sentidos; pois o exercício apropriado da imaginação produz exatamente tais figuras fenomenais como *podem* ser apresentadas na percepção sensível ordinária"[43] (p. 282).

Seria "reacionário" esse retorno à teoria kantiana da geometria?[44] Antes de nos voltarmos ao pioneirismo de Kant, vejamos em que seria "reacionário". Jairo José da Silva desenha um quadro genealógico das matemáticas nos séculos XVIII e XIX em que já nos setecentos os geômetras ingleses são opostos aos adeptos europeus do *cálculo* (Lagrange, Euler e d'Alembert), que já antecipariam o formalismo algébrico desenvolvido no século seguinte por Cauchy, Cantor, Weierstrass e Dedekind. Talvez por sua fidelidade a Newton, Kant teria permanecido no campo da tradição, e não no da antecipação.

---

[43] O argumento não parece ser irrespondível. Por que deveria a imaginação *antecipar* assim a percepção? No caso de Kant, há boas razões para afirmá-lo, dado o caráter transcendental da imaginação e seu papel essencial no funcionamento do *esquematismo*. Aqui, todavia, parece que estamos diante de uma tese puramente *psicológica*, se não nos escapa o sentido do argumento. Há, certo, uma dimensão reprodutiva no funcionamento da imaginação: "Se o cinabre fosse ora vermelho, ora negro, ora leve, ora pesado... minha imaginação empírica jamais encontraria a oportunidade, ao representar a cor vermelha, de mencionar o tom cinabre pesado" (*KRV*, A 101). Mas a imaginação tem, para Kant, uma dimensão também produtiva, ligada à unidade da apercepção transcendental, sem a qual desmoronaria a idealidade dos objetos (dos "fenômenos", na linguagem de Strawson) espaciais. De qualquer maneira tal argumento pode ser deixado de lado em função dos alvos que nos fixamos.

[44] Ao examinar o "construtivismo" kantiano, Jairo José da Silva (que nos serve aqui de guia, ao lado do Jules Vuillemin de *Physique et métaphysique kantiennes*. Paris: P.U.F., 1955) não hesita em situar – embora tentando fazer justiça ao filósofo alemão: "A nossa pergunta agora é: onde e com quem está Kant: na vanguarda do pensamento matemático da época ou com a tradição? Infelizmente, teremos de responder que na perspectiva de então, Kant foi um reacionário" (Cf. SILVA, Jairo José da. *Sobre o predicativismo em Hermann Weyl*. Campinas: Editora Unicamp, 1989. (Coleção CLE)).

É o que transparece na polêmica com A. W. Rehberg.[45] Este último propõe a Kant a possibilidade de liberar a matemática das "amarras da intuição": "É para uma generalização da noção de número, que incorpore a noção de número imaginário que Rehberg procura aliciar Kant, na direção de um critério formalista, não intuitivo, de 'existência', determinado pelas conveniências da própria teoria matemática".[46] Kant recusará esse caminho, desapontando seu correspondente e não caminhando na direção da matemática do futuro, insistindo na *heterogeneidade* entre aritmética e geometria.

Mas essa recusa teria sua face positiva, como se, ao mesmo tempo, Kant desse um passo adiante mais interessante, que permite a Strawson acolher o *construtivismo* e o *intuicionismo* da concepção kantiana da geometria. O novo sentido que dá à palavra "fenomenal" parece aproximá-lo da fenomenologia de Husserl. Mas essa conexão só pode ser longínqua e indireta.[47] Mais próxima, talvez, será essa iniciativa do intuicionismo matemático de um Hermann Weyl, que, no entanto, jamais é citado. Mas por que tal aproximação? O antilogicismo já seria um ponto de contato. Para retornar a Aristóteles, devemos modificar a estrutura da estética transcendental, é claro, neutralizando a revolução

---

[45] Polêmica descrita por Jairo José da Silva na parte 2.3 de seu livro, "Uma teoria dos números irracionais em Kant". Segundo este autor, o problema que Kant é obrigado a enfrentar é o da impossibilidade, para o entendimento, de relacionar números, como a raiz quadrada, com a unidade, embora seja capaz de constituí-los na esfera da forma da sucessão. A resposta de Kant é que tal limitação é compensada pela possibilidade de *construí-los geometricamente*. Como observa Jairo José da Silva: "Aliás, é exatamente a existência de uma síntese espacial mesmo para aqueles números para os quais não há síntese temporal, para o conceito de raiz quadrada, que Kant julga filosoficamente relevante como argumento contra o idealismo psicológico" (SILVA. *Sobre o predicativismo em Hermann Weyl*, p. 49).

[46] SILVA. *Sobre o predicativismo em Hermann Weyl*, p. 46.

[47] Quando Husserl, nas *Ideen II*, define a essência da coisa material, remetendo a variação de seus *fantasmas* às variações de seu *Umwelt* (e, no limite, ao horizonte último do *Welt*), está longe de recorrer a uma psicologia da imaginação ou da percepção, mas descrevendo invariantes *de essência*. É bem verdade, acrescentemos, que discípulos de Husserl como Nicolai Hartmann e Roman Ingarden deram uma direção *realista* à obra de inspiração idealista do mestre. O segundo aproxima-se de Strawson por sua fenomenologia dos objetos individuais (como nos *Individuals*). O primeiro é festejado pelo marxista Lukács, que nele se inspira, num movimento de retorno a Aristóteles. Voltar a Aristóteles, via Husserl, como o fez, segundo Searle, o próprio Strawson via Kant? Não deixaria de ser um curioso paralelo na filosofia do século XX.

copernicana, devolvendo à "terra" (entendida como o mundo da vida cotidiana) ou às coisas individuais o estatuto de "centro do mundo", em torno do qual giraria o sujeito cognoscente. Não é, certo, esse retorno a Aristóteles que aproxima nossos autores, já que Weyl permanece fiel ao espírito do kantismo (seria impensável um mundo real exterior a nosso acesso cognitivo a ele), mas a ideia das idealidades matemáticas como fruto de uma operação construtiva, irredutível a um "cálculo não interpretado". Com efeito, a mesma oposição entre espaço fenomenal e espaço físico é encontrada em ambos os autores. Também para Weyl é essencial a distinção entre o *continuum* espacial do mundo físico (como *constructo* abstrato e idealizado) e o espaço da experiência intuitiva e fenomenal do próprio espaço. É claro que, influenciado por Husserl, Weyl vai muito mais longe e chega a confessar sua dívida para com Bergson, num espírito bem pouco strawsoniano.

Gostaria de sublinhar – para fazer ver a pertinência dessa aproximação – outros aspectos do livro de Jairo José da Silva sobre Weyl. Seu alvo é a exposição do predicativismo de Weyl, através de um exame prévio do predicativismo em Poincaré e do construtivismo em Kant. Mas é a passagem de Kant a Weyl, tal como é aí descrita, que nos interessa em especial. O "inimigo" principal do nosso autor é o "psicologismo" kantiano herdado, no século XX, por intuicionistas como Brouwer e Heyting. Kant não é aí propriamente maltratado, mas "corrigido", com a ajuda de um dos herdeiros da filosofia transcendental: Edmund Husserl. Jairo José da Silva endossa as palavras das *Logische Untersuchungen*: "Kant não atingiu a intenção última da distinção aqui necessária, visto que lhe faltava o conceito de fenomenologia e de redução fenomenológica e porque não conseguiu desvencilhar-se totalmente do psicologismo e do antropologismo".[48]

---

[48] *Apud* SILVA. *Sobre o predicativismo em Hermann Weyl*, p. 70. Lembremos, para levar adiante esse longo processo de "despsicologização" da matemática, que, para Wittgenstein, se há autênticos problemas fenomenológicos, a ideia da fenomenologia como *Strenge Wissenschaft* nos devolveria ao pântano do psicologismo. Assinalemos a ausência de qualquer referência a Wittgenstein no livro de J. J. da Silva. Só muito recentemente autores começaram a se debruçar sobre sua obra como filósofo da matemática (e seu interesse por Brouwer) – obra até então considerada pouco importante tanto pelos puros filósofos da matemática como pelos comentadores da obra filosófica de Wittgenstein.

Mas isso não o impede de reconhecer o pioneirismo de Kant por ter apresentado "uma teoria construtiva dos fundamentos da análise",[49] mesmo se antes Kant merecera a etiqueta de "reacionário".[50]

O que nos interessa é a continuidade que o livro aponta entre Kant e Weyl, mesmo que parcial. Ao término do capítulo consagrado a Kant, antes de nos introduzir na obra de Weyl, o autor nos diz: "Finalmente, mesmo concordando com Kant sobre a impossibilidade de reduzir o contínuo geométrico ao contínuo aritmético, Weyl irá levar adiante uma empreitada desse gênero. Não é outro o objetivo de *Das Kontinuum*". O ponto crucial do argumento está na indicação da impossibilidade, no interior da *Crítica da razão pura*, de constituir uma teoria da aritmética do *continuum* geométrico. A "atomização" essencial do contínuo proíbe-o de "traduzir" completamente um *continuum* que não é constituído por "partes simples" (como veremos adiante, estamos nos antípodas da reconstrução da estética transcendental realizada por Bergson nos *Dados imediatos da consciência*).

Certamente leitor de Weyl, Strawson (onde iria ele buscar seu vocabulário fenomenológico, tão pouco usual na recente filosofia de língua inglesa?) parece concordar com essa avaliação da filosofia kantiana da geometria, tanto em suas limitações (é claro) quanto (mas sobretudo) em seu *pioneirismo*. Não, Kant não é propriamente um reacionário nesse campo, e ideias suas permanecem vivas e fecundas. De um lado, Strawson retoma quase frase por frase os textos de Kant sobre o espaço (e não apenas para *comentá-lo*), de outro procura atualizá-los como instrumentos necessários tanto à fundação da geometria quanto à refutação do idealismo – num estilo, é claro, bem diferente do kantiano, já que se resolve, como veremos, num realismo pré-crítico ou numa nova forma de *naturalismo*.

Como culmina esse esforço de repensar[51] a filosofia kantiana da geometria? Aqui, devemos fazer o inventário das objeções possíveis a

---

[49] SILVA. *Sobre o predicativismo em Hermann Weyl*, p. 54.

[50] SILVA. *Sobre o predicativismo em Hermann Weyl*, p. 54.

[51] Cf., por exemplo, a seguinte frase de *Individuals*, em sua página 11: "Nenhum filósofo entende seus predecessores em nossos termos contemporâneos. A característica dos verdadeiramente filósofos, como Kant e Aristóteles, é que eles recompensam,

tal reexposição, bem como dos argumentos que podem, pelo menos, "equilibrá-las".[52] A primeira objeção visa à ambiguidade de expressões como "aspecto fenomenal". O positivista, evitando o psicologismo ou o platonismo, poderia perguntar: o que há além da figura física traçada no quadro negro? Tal solução parece engendrar ambiguidades maiores do que as que pretende desfazer. Aceitando a pertinência da objeção, Strawson pode, no entanto, esquivá-la. Embora dúbio, o conceito de "figura fenomenal" dá lugar para a razoável exigência de que à geometria deveria corresponder um conjunto de objetos que lhe são específicos, sem ter de mergulhar no platonismo ou admitir algo como o *Dritte Reich* de Frege. Mas não ignoraria tal perspectiva a dimensão essencialmente *construtiva* da geometria? A ciência de Euclides não é também uma geometria construída com a ajuda da régua e do compasso?

A solução desse problema, através de uma série de objeções e respostas, culminará na desejada justificação e atualização (pelo menos parcial) do "construcionismo" da filosofia kantiana da geometria ou no restabelecimento da legitimidade do conceito de juízo sintético *a priori*. A dialética das objeções e das respostas desenrola-se sobre um pano de fundo só descortinado ao fim e ao cabo com a distinção de três instâncias do espaço: a instância física, a instância visual ou fenomenal e, finalmente, sua dimensão puramente conceitual. O ponto de partida consiste em mostrar que a construção geométrica não corresponde necessariamente à construção de uma figura física com instrumentos físicos como a régua e o compasso. Com efeito, eu posso descobrir espontânea e aleatoriamente os passos para a construção de uma figura em minha imaginação irresponsável e não ser capaz de *produzi-la materialmente* a seguir. Mas o malogro da operação

---

mais que outros, esse esforço de repensamento". Como veremos adiante, uma filosofia pode ser "descritiva" (em sentido semelhante ao de Strawson), fazendo o itinerário exatamente inverso, insto é, fazendo a arqueologia dos conceitos que usamos hoje espontânea e ingenuamente. Tratar-se-ia de repensar nossos conceitos habituais à luz do pensamento de Aristóteles e de Kant, como se a distância e a diferença nos permitisse tomar consciência de nossa cegueira e de nossas limitações.

[52] Tudo se passa como se, em sua vontade de evitar o dogmatismo, Strawson retornasse sem perceber a tradição do ceticismo: "sobre qualquer assunto há sempre dois *lógoi*".

física não demonstrará a falsidade da descoberta de minha imaginação vadia. Pelo contrário, será esta que servirá de *critério* para discriminar as boas e as más construções físicas. De alguma maneira a pertinência da linguagem "fenomenológica" ou a efetividade da instância do "visual" estão demonstradas.

Mas objeções mais sérias podem ser erguidas contra Kant. Deixando o domínio "fisicalista" da objeção anterior, podemos passar para um nível mais interno, sugerindo uma incompatibilidade entre a filosofia de Kant e a própria geometria euclidiana. Se a versão "fenomenal" é plausível num plano bidimensional, sê-lo-á num espaço tridimensional? Uma proposição como "duas linhas retas não fecham um espaço" não é contradita quando, entre as duas linhas de uma ferrovia, eu as vejo "encontrar-se" no horizonte. Em seu estilo aqui "dialético", Strawson nos lembra das linhas às nossas costas, que só se encontrarão no horizonte se eu mudar de posição e tiver uma *outra visão*: de qualquer maneira, jamais verei os trilhos fecharem *um* espaço. Mais grave será a questão posta pela proposição "entre dois pontos de uma linha reta sempre há um outro ponto". Com efeito, aqui, parece haver um hiato entre a proposição e as exigências do visual, introduzido pela ideia de infinito. Como diz Strawson: "mas *isso* [a noção de infinito] não é algo de que possamos nos oferecer uma imagem".[53] À geometria "fenomenal" deve juntar-se uma dimensão puramente conceitual que a limita e que é indispensável para defini-la. A objeção leva-nos apenas a uma leve mudança de linguagem: em vez de falarmos de uma "interpretação fenomenal", falaremos de uma "interpretação fenomenal idealizada" da geometria euclidiana.

Com isso chegamos a nosso fim: justificar a ideia kantiana do "poder da pura intuição externa". A conclusão é modesta, pois admite que nem todos os aspectos da geometria euclidiana são susceptíveis de uma interpretação estritamente kantiana. Mas é certo que permite lançar luz sobre o que há de positivo na ideia kantiana de "construção na intuição pura". Simpatia "temperada", já que: "Não se deveria supor que a geometria – uma atividade humana – é algo de natureza simples,

---

[53] STRAWSON. *Individuals*, p. 291.

que pode ser descrita adequadamente do ponto de vista do lógico, do físico ou do agrimensor – ou do de Kant. Deveríamos antes reconhecer que é uma coisa complexa na qual diferentes aspectos ou elementos entram em conexão recíproca, e que o aspecto que recebe maior ênfase na teoria da construção na intuição pura não é inteiramente insignificante. Por outro lado, é inteiramente inadequado suportar o peso da doutrina da subjetividade transcendental do espaço".[54]

Para encerrar este parágrafo são necessárias duas observações: uma positiva e outra crítica. Há, na adesão parcial de Strawson à filosofia kantiana da geometria, uma dimensão profunda, crucial, mas que não transparece na superfície do texto. Trata-se do que eu chamaria de concepção *trinitária* da filosofia que se exprime de mil maneiras na obra de Kant e que, na de Strawson, aparece muito marginalmente, sem tematização explícita. Com efeito, ao distinguir o que chamamos de três instâncias do espaço (o físico, o fenomenal e o lógico), obviamente o filósofo inglês calca seu raciocínio sobre a superposição dos níveis cognitivos distintos na *Crítica da razão pura*: a) intuição empírica, b) intuição pura e c) conceito. É essa "importação" de uma estrutura conceitual que lhe permite guardar a positividade da ideia de "construção na intuição pura".

Mas de que serve esse simpático esforço de compreensão ou de "repensamento", se os demais aspectos indissociáveis dessa "trindade" são deixados de lado, com a recusa, digamos, *dogmática* da subjetividade transcendental do espaço? Com efeito, tal recusa é o efeito de um afastamento diante da concepção kantiana de sistema categorial e um retorno simples a Aristóteles. Mas apenas ao Aristóteles das *Categorias*, jamais ao Aristóteles mais complexo dos *Segundos analíticos* e, menos ainda, ao da *Metafísica*. Aqui jamais toparemos com o *Nous Theos*, com o Ato Puro ou com a distinção, no sujeito que conhece o mundo sublunar, entre o *Nous Pathétikos* e o *Nous Poiétikos, quem vem de fora como uma centelha de Deus*. É o que tentaremos começar a mostrar no quarto parágrafo, logo após o contraponto da empresa de Strawson com a "re(des)construção" bergsoniana da estética transcendental de

---

[54] STRAWSON. *Individuals*, p. 292.

Kant, que percorre um caminho inverso ao do filósofo inglês, mas ao qual muito deve a filosofia da matemática de Hermann Weyl. Mas, antecipando, digamos desde já que parece estranho recusar o idealismo transcendental (ou o psicologismo implícito na ênfase de nosso aparato cognitivo), se definimos a geometria como *uma atividade humana*. Não haveria aí "antropologismo", e qual seria sua vantagem em face do equívoco da insistência em nosso aparato cognitivo? Kant distinguia entre o *Intellectus Archetypus* e o *Intellectus Ektypus*. Depois dele, Deus aparentemente morreu, e com ele, o Entendimento Infinito. Mas que a soma dos ângulos internos de um triângulo seja igual a 180° será verdade apenas no contexto de uma atividade humana (a geometria), e falsa, digamos, para um marciano envolvido em outras atividades? Que ganhamos com esses passos, e o que nos teriam deixado para além do equívoco kantiano de definir o espaço *"as a mere form of intuition belonging to our cognitive constitution"*?

Mal começamos nossa pesquisa e já mergulhamos em seu coração mais interior. A questão em pauta há de aparecer, de modo diferente, nas leituras de Kant propostas por Heidegger e Cassirer, que examinaremos adiante. Não faltará alguma dose de "antropologismo" em *Kant e o problema da metafísica*, aliás dedicado a Max Scheler e que contém um capítulo sobre a "antropologia filosófica" que remete diretamente a *Sein und Zeit* (numa operação que será corrigida após a "virada" dos anos 1930, numa direção anti-"humanista"). Já do lado de Cassirer talvez se verifique o movimento inverso que nos leva de uma reformulação da Crítica, nos anos 1910, com *Substância e função*, em direção a uma filosofia da Cultura expressa, nos anos 1920, na *Filosofia das formas simbólicas*. Uma filosofia entendida literalmente como "antropologia filosófica".

Nota do editor: Faltam o terceiro e o quarto parágrafos. O terceiro seria dedicado ao contraponto da empresa de Strawson com a "re(des)construção" bergsoniana da estética transcendental de Kant. Já o quarto versaria sobre a natureza do retorno strawsoniano a Aristóteles e suas limitações.

Capítulo segundo
Ryle e o retorno a Aristóteles: o esquecimento de Kant na análise categorial

I

Antes de examinar a ideia de erro de categoria, tal como Ryle nos expõe no seu belo *The Concept of Mind*, em sua formulação a mais geral, será talvez útil ser paciente, proceder de maneira menos abrupta e mais sinuosa ou "ziguezagueante". É preciso "errar" bastante para situar corretamente a questão do erro. Nossa ideia é a de *voltar* à definição do conceito a partir de uma de suas utilizações; quer dizer, de *voltar* ao coração da teoria a partir de uma de suas pontas mais extremas. Trata-se de problemas um tanto quanto perturbadores, detectáveis em sua aplicação no caso particular do conceito de *alucinação*, no quadro geral de sua "gramática" da imaginação. Esse é o limite final em que a polêmica não pode mais ser reprimida. Tais problemas estão visíveis no interior de *The Concept of Mind*, mas só mostram toda a sua dimensão em sua posteridade ou nas diversas retomadas que mereceram ao longo de uma história já longa e da qual o ensaio de Norman Malcolm sobre o sonho parece ocupar o lugar o mais proeminente[1]: um verdadeiro novo capítulo da história da filosofia analítica. Essa abordagem de estilo "diaporético", que tem a vantagem de conferir ao filósofo inglês uma

---

[1] Cf. MALCOLM, Norman. *Dreaming*. London: Routledge & Kegan Paul, 1977. Para esse "capítulo" da história da filosofia analítica, ver a antologia escolhida e prefaciada por Charles E. M. Dunlop, *Philosophical Essays on Dreaming* (London: Cornell University Press, 1977), que apresenta, no final, uma bibliografia em língua inglesa exaustiva (61 títulos) sobre o assunto até esta data. Ver também a dura crítica de N. Malcolm por H. Putnam em "Dreaming and 'depth grammar'". In: BUTLER, R. J. (Ed.). *Analytical Philosophy*. First Series. Oxford, 1966. p. 211-235, reproduzida em *Philosophical Papers II*.

audiência acolhedora e receptiva[2] por seu estilo, digamos, aristotélico, nos guardará do perigo de cair na simples crítica "externa" à sua obra, de lhe opor, ingenuamente, ou de *estabelecer* dogmaticamente – longe disso! – uma circunscrição categorial do sonho *outra* ou rival. Limitemo-nos, pois, a seguir o movimento de seu pensamento, para medir não apenas os obstáculos que ele encontra e deve vencer se for confirmado que ele vai, realmente, de encontro a obstáculos, mas também se ele pode, efetivamente, superar tais eventuais dificuldades. Para começar, limitemo-nos a lembrar a definição a mais geral de erro de categoria e seu paradigma o mais evidente ou óbvio: ignorar a linha que separa dois "tipos de lógica" diferentes como o faria se, após ter visitado os departamentos de Filosofia e de Psicologia, a biblioteca e outras [seções] da Universidade Federal de São Carlos, eu exclamasse: "– Mas onde ela se encontra, diabos!, esta famosa UFSCar?".[3]

Não se trata, para nós, repetimos, de percorrer toda a cartografia dos predicados psicológicos desenhada por *The Concept of Mind*, nem de acompanhar seu trabalho de dissipação das nebulosas metafísicas que bloqueiam a reflexão sobre a *psyché* (na verdade, sobre o *comportamento*[4]), nem de reproduzir todo o processo montado contra Descartes, na desmistificação ou no exorcismo do "fantasma dentro da máquina".[5]

---

[2] Que, aliás, é exigida pela argúcia de seu pensamento, expressa numa escrita tão clara e elegante.

[3] O erro de categoria parece ser uma espécie de *ilusão* irredutível a um simples *erro*, como a que pode surgir num cálculo como o seguinte: "2.375 + 2.265 = 4.630", que se revela, como pura inépcia, sem perturbar o esquema das categorias ou introduzir a imprecisão no claro limite que separa os "tipos lógicos". Voltaremos a isso para discutir a pertinência dessa oposição que parece se impor *prima facie*, aproximando a crítica ryleana à crítica kantiana.

[4] Melhor ainda, sobre a *linguagem* psicológica ou comportamental.

[5] Claro, o Descartes de Ryle é mais um "personagem conceitual", criado pela filosofia inglesa ou por sua maquininha analítica do que o cavaleiro de Poitou "que partiu num passo tão bom". O excelente leitor de Aristóteles e de Platão (mas, aí também, a aproximação analítica parece encontrar seu limite; cf. SOULEZ, Antonia. *La grammaire philosophique chez Platon*. Paris: P.U.F., 1991) mostra pouquíssimos escrúpulos filológicos quando se trata de atacar o "mito cartesiano". A expressão "mito de Descartes" é ambígua: o genitivo permite uma dupla leitura, e sua versão "subjetiva" é certamente a melhor. Para uma crítica da leitura "analítica" de Descartes (visando especificamente Ryle e Malcolm), ver ALANEM, Lili. Descartes dualism and the

Desse elegante *Abbau*⁶ da metafísica especial (*Psychologia Rationalis*), nós guardaremos apenas a análise do uso dos conceitos de imaginação e de alucinação. Nosso assunto será de fato a "gramática do sonho" que nela se encontra pressuposta, assim como os efeitos que ela suscitou em sua posteridade imediata e que continuam a agir, mais ou menos no vazio, meio século após a publicação do livro de Ryle, com resultados catastróficos, hoje, no que chamamos de *philosophy of mind*. E é para essa gramática que direcionaremos nosso olhar.

II

Ryle não visa jamais, especificamente, o sonho na gramática da imaginação desenvolvida em seu livro. Mas ele não consegue evitar enfrentar a questão da *alucinação*. Pois é de fato a alucinação que parece dar problema no funcionamento geral de sua análise geral da imaginação.

Mas por que a alucinação daria problema? Pelas mesmas razões pelas quais essa ideia deve ser, de certa forma, exorcizada no interior

---

Philosophy of Mind. *Revue de Métaphysique et de Morale*, n. 3, 1989. Ver, também, na contracorrente o *mainstream* da interpretação de Descartes em língua inglesa, o belo livro de Gordon Baker e Katherine Morris, *Descartes' Dualism* (London; New York: Routledge, 1996), em que é demonstrado que a própria ideia de "dualismo cartesiano", na sua versão corrente, pertence mais à ordem do mito e da ilusão retrospectiva do que à ordem da filologia ou da história da filosofia. No mesmo espírito, ver também PRADO JR., Bento. Descartes e o último Wittgenstein: o argumento do sonho revisitado. *Analytica*, v. 3, n. 1, p. 219-246, 1998). Já insistíamos nessa direção em 1990, no prefácio do *Ensaio sobre a moral de Descartes*, de Lívio Teixeira (São Paulo: Brasiliense) tese defendida nos anos 1950, praticamente desconhecida na Europa, à exceção das referências que faz Martial Gueroult em *Descartes selon l'ordre des Raisons*.

⁶ Lembremos que, em sua juventude, Ryle havia feito uma resenha simpática de *Sein und Zeit* (cf. *Mind*, n. 38, p. 355-370, 1929). Interrogado sobre uma eventual remanência do interesse juvenil, Ryle confessou que essa obra de Heidegger era o único livro que ele sempre se recusou a emprestar a quem quer que seja. Mas, para acrescentar, em seguida, *esperar* que essa idiossincrasia não fosse, de jeito nenhum, o sinal de um possível interesse teórico que tivesse sobrevivido de uma maneira, por assim dizer, *subterrânea*. Essas confidências de Ryle são contadas por Thomas Rentsch em seu *Heidegger und Wittgenstein* (Stuttgart: Klett-Cotta, 1985), em que ele cita (p. 51) uma carta do filósofo dirigida a Michael Murray em outubro de 1973: *"I don't suppose in 1928-29 I exchanged a word with anyone about Heidegger. Logical Positivism did capture my colleagues and in good measure me... Of course I have no idea how much* Sein

da fenomenologia do imaginário em Sartre. O próprio Ryle o reconhece, o ponto de partida de *The Concept of Mind* é o mesmo que o do *Imaginaire*, uma dupla recusa: 1) recusa em conceder à imaginação o estatuto de um ato de testemunho ou de apreensão de objetos internos à consciência e 2) recusa da tese humeana que estabelece apenas uma diferença de *grau* e de *intensidade* entre o que é visto e o que é evocado em imagem, entre "impressões e ideias".[7]

Para expressar bem a aporia que nos interessa, não há necessidade de se deter nos primeiros passos do capítulo que Ryle dedica à imaginação: "Picturing and Seeing" e "The Theory of Special Status of Pictures". Aí se trata apenas de um procedimento preliminar puramente *negativo* em que a raiz da dupla ilusão da qual acabamos de falar é exposta e denunciada. O importante é sinalizar "o bom caminho" anunciado para sair do impasse e que consiste na aproximação, sugerida por Ryle, entre *imaginação* e *simulação*. É essa aproximação, finalmente, que poderia nos libertar da confusão categorial que resulta na atribuição de um estatuto ontológico *forte* ao imaginário (no fundo, como para Sartre, trata-se de dissolver as ilusões "empiristas", "associacionistas" ou "psicologistas" que bloqueiam e ofuscam nossa consciência do mundo imaginário, que fazem da imagem algo de íntimo).

De fato, temos acesso, no mundo real, ou no mundo do visível, a *coisas* ou *réplicas de coisas*. Fulano e sua foto, crianças e bonecas. Assim, seríamos conduzidos, sem sabê-lo, a nos expressar, a respeito do imaginário, com a ajuda da categoria da *réplica*. A relação entre a coisa e seu simulacro (tão real quanto aquilo do qual ele é o simulacro, pois minha foto não tem uma *realidade* inferior à minha realidade como

---

und Zeit *affected me. My ant-psychologism which expanded into anti-Cartesian dualism later on, was alive and kicking as early my first reading of Frege, Meinong and Brentano, when n intentionality-theory partly paralleled Cambridge anti-idealism. But I may well have found in* Sein und Zeit *(not the Meaning/Nonsense theory that I wanted), but anti-dualistic cum behovioristic thoughts wich were later congenial to me. I did work hard over my* Sein und Zeit *review; but I don't think it goes as deep under my skin as did some other things. But it is not now form me to say! I'm pretty sure that I never lent (or refused to lend) my* Sein und Zeit *to any colleague or pupil. But this could all have been 'cover up' for indebtedness that I wanted to keep dark".*

[7] Cf. Ryle em MERLEAU-PONTY, Maurice. La phénoménologie contre "the Concept of Mind". In: *La philosophie analytique*. Paris: Éditions de Minuit, 1962. p. 81.

organismo vivo ou como pessoa humana) é ilegitimamente superposta à relação que liga (ou separa) a coisa real e sua imagem. Certamente, imaginar é algo *semelhante a ver algo*. *Parece-me* que vejo algo quando imagino. É sempre a ideia de imagem *mental* que é responsável por esse verdadeiro ilusionismo. Mas a confusão não resiste a um mínimo de reflexão: o que nos engana é uma má "psicologia", que generaliza alguns traços da percepção visual e auditiva. Quem, então, poderia "imaginar" "imagens mentais" no domínio do olfato? A geografia diferencial do sensível nos ajuda a perceber o não sentido de uma expressão como "*smelling in the mind's nose*", pois ninguém ignora que se a alma é capaz de "ver" (*Noesis*, *Wesenschau*, *Vision en Dieu*, etc.), que se saiba ela não dispõe de um *Nariz suprassensível*.

O fato é que nos perdemos na arquitetura gótica de nossas "categorias", na trama que subsume as espécies aos gêneros aos quais pertencem *naturalmente*. Não há gênero *imagem* cujas fotos e fantasias (digamos) seriam as espécies. Bom dialético, Ryle é capaz de recortar (como o açougueiro de Platão, que fatia seu boi segundo suas "articulações naturais") corretamente os diferentes usos da linguagem ou o real: "O gênero é 'parece-me perceber' e uma das espécies mais familiares desse gênero é aquela do 'parece-me que estou vendo alguém quando vemos uma foto desta pessoa'".[8] Mas, como do Demônio, podemos dizer do imaginário que ele é uma legião. E Ryle não hesita em mencionar essa multiplicidade, no mínimo indeterminável, das formas do "*parece-me*". "*There are hosts of widely divergent sorts of behavior in the conduct of which we should be described as imaginative.*" Dialético, sim, no sentido de Aristóteles mais do que no de Platão. É impossível não ver a retomada do estilo aristotélico, aliás explícito, em outros momentos do livro, como naquele em que Ryle recupera a ideia de *exis* ou quando ele insiste na necessária distinção categorial entre *achievement words* e *success words*. Antes de tudo é preciso reconhecer que a imaginação, como o Ser, é "dita" em vários sentidos.

Para recolocar o pensamento no bom caminho, é preciso, então, passar pela análise do conceito de *fingimento* ou de ficção como ato

---

[8] RYLE. *The Concept of Mind*, p. 253-254.

ou comportamento: "Comecemos pela noção de *fingir*, uma noção que é parcialmente constitutiva de noções como as de enganar, de representar um papel, de brincar de urso, de simular uma doença, de ser hipocondríaco. É claro que, em certos tipos de fingimento, o simulador simula ou dissimula deliberadamente e que, em outros, ele pode não ter certeza de até que ponto, se o faz, ele é completamente tomado na ou pela sua performance. Isso pode ser ilustrado, em menor escala, pela criança que brinca de urso, que sabe que, quando o quarto está totalmente iluminado, está simplesmente brincando de um jogo muito divertido; mas que começará a ser tomada de ansiedade se for deixada sozinha, e perderá toda a sua segurança na escuridão".[9]

É evidente que Ryle antecipa imediatamente a objeção que se manifesta espontaneamente no leitor, reiterando uma pergunta já esboçada algumas páginas atrás, mas que ainda espera uma resposta positiva. Se é verdade que o ato de imaginar é um ato de fingimento, como explicar a *self-deception* completa, a alucinação ou o sonho, por exemplo? "*How can a person fancy that he sees something, without realizing that he is not seeing it?*" Contra Hume, estabelecemos uma descontinuidade radical entre visão e imaginação, "impressão" e "ideia"; é preciso ainda explicar com esta distinção assim fixada o fenômeno da alucinação. Após ter despistado e esvaziado um "erro de categoria" que comprometia, em sua base, a teoria do imaginário, Ryle parece encontrar-se diante de uma nova aporia,[10] *o inverso*, por assim dizer, da aporia cujo nó acaba de ser desatado. Pois é, novamente, uma simples diferença de *grau* que separa *o ato* de fingir uma doença do *fato* de ser (do *estado* de) hipocondríaco. A mesma continuidade, negada em Hume, vem aqui garantir que o "*make-believe is compatible with all*

---

[9] RYLE. *The Concept of Mind*, p. 256.

[10] Que Sartre, seu "companheiro de estrada" neste capítulo, reconhece com todas as letras: "Tendo assimilado a imagem à sensação, Taine não tem nenhuma dificuldade em explicar a alucinação: de fato, a percepção já é 'uma alucinação verdadeira'. Ele só encontrará dificuldade quando for preciso explicar como, entre todas essas alucinações, umas verdadeiras, outras falsas, distinguimos, de forma imediata, as imagens e as percepções. Inversamente, nós, que tomamos como ponto de partida o fato de esses seres reconhecerem imediatamente suas imagens como tais, não estaríamos nos arriscando a encontrar no problema da alucinação nosso obstáculo?" (SARTRE. *L'imaginaire*, p. 191).

degrees *of skepticism and credulity*". Continuidade paradoxal que nos remete ao célebre *oxymoron* do poema de Fernando Pessoa:

> O poeta é um fingidor.
> Finge tão completamente
> que chega a fingir que é dor
> a dor que deveras sente.[11]

Mas Ryle parece ter uma saída muito simples. Todos esses paradoxos são ilusórios e perderiam toda a sua dramaticidade sob a simples auscultação da experiência comum, ao exame de nossos usos linguísticos os mais cotidianos: "O fato de as pessoas poderem fingir ver coisas, ser perseguidas por ursos [...] sem perceber que não há nisso nada além de fantasia, isso faz parte do dado vulgar e geral segundo o qual as pessoas não são, todas, a qualquer momento e em qualquer condição, tão judiciosas ou tão críticas quanto seria desejável".[12]

Nesse momento o leitor não pode deixar de se surpreender. Pois era, justamente, o mesmo Ryle que, numa página precedente, denunciava o erro da filosofia clássica da imaginação, definida como a errática vassala da Razão. Não estaríamos, aqui, restaurando "a alegoria feudal" (quer se queira ou não, a expressão "ser judicioso" parece ser o exato equivalente lógico da expressão recusada por Ryle: ser capaz de um "*intellectual grasp of true propositions*") que nos convidaram a jogar pela janela? A alucinação – que não devemos, aparentemente, excluir da legião dos comportamentos imaginativos – não estaria ela, aqui, sendo identificada simplesmente como *erro*? As crianças, os loucos, os alcóolicos e outras criaturas da mesma laia... não estaríamos aqui ouvindo o eco do antigo discurso espinosista, o ponto mais alto da metafísica clássica? Estamos aqui, sem dúvida nenhuma, diante de uma contradição. Não foi exatamente o mesmo autor que havia advertido, desde o início da obra, contra a armadilha da metafísica clássica? O grande equívoco de toda a tradição não constituía, em seus pressupostos cognitivistas e intelectualistas, no injustificável

---

[11] Ou então, como em A. Gide: "*entre aimer Laura et m'imaginer que je l'aime – entre imaginer que je l'aime moins et l'aimer moins, quel Dieu en verrait la différence?*".

[12] RYLE. *The Concept of Mind*, p. 258-259.

postulado segundo o qual "*the capacity to attain knowledge of truths was the defining property of a mind*" e que implica que "*other human powers could be classed as mental only if they could be shown to be somehow piloted by intellectual grasp or true propositions*"?[13]

III

Parece que a revelação do erro de categoria na concepção da imaginação encontrou seu obstáculo na análise da alucinação. Para dar lugar à alucinação, tivemos de voltar a uma forma de intelectualismo que não pode abrir espaço à ilusão. No limite, até o erro[14] é impensável (ou então ele é coisa de louco, de criança, de alcoólico). *Como na* Ética *de Espinosa ou no* Teeteto *de Platão, a falsidade não tem lugar*.[15]

Com Norman Malcolm e seus escritos sobre o sonho, estamos sempre beirando o que acabamos de escrever. Mas com o interesse em multiplicar as aporias pelo fato de querer eliminar todas as ambiguidades. Seu ponto de partida é dos mais claros: trata-se de arrancar pela raiz um erro de categoria que tem a duração de toda a história da filosofia. Desde sempre, todos os filósofos e a grande maioria dos psicólogos compartilham o erro grosseiro de categoria que faz do sonho um momento do *continuum* da vida mental: "Não é exagerado dizer que a opinião segundo a qual os sonhos são uma atividade mental é geralmente aceita entre filósofos e psicólogos [...] Quero examinar essa opinião".[16] Putnam parece ter razão quando descreve as etapas

---

[13] RYLE. *The Concept of Mind*, p. 26.

[14] E, com ela, a própria ideia de erro de categoria, que parece revestir o caráter de simples inépcia – bem longe da *ilusão necessária* da crítica kantiana, da qual ela parecia se aproximar à primeira vista.

[15] Com Espinosa, *Veritas index sui et falsi*. Com o Platão aporético do *Teeteto*: "Sócrates – É, então, algo bem diferente de uma divergência entre o pensamento e a sensação o que nos é preciso descobrir no ato de julgar errado. Se fosse isso, de fato, jamais poderíamos errar apenas nos pensamentos. Na verdade, então, ou não há opinião falsa, ou, aquilo que sabemos, é possível não sabê-lo. Entre essas duas asserções, qual tu escolhes? // Teeteto – Embaraçosa opção a que tu me propões, Sócrates. // Sócrates – E no entanto, ficar com as duas, o argumento corre bem o risco de não permiti-lo" (*Théétète*, 196c-d).

[16] Na verdade, trata-se sempre de uma crítica a Descartes, essencialmente ao valor do argumento do sonho. Tentamos mostrar, num outro texto sobre o argumento

essenciais da análise de Malcolm, que seriam essencialmente as seguintes: 1) há dois "conceitos de sonhos" e seus "métodos de verificação" correspondentes; 2) o sonambulismo e o pesadelo violento só podem ser aceitos como instâncias do sonho mediante uma reforma ou uma extensão injustificáveis do conceito do sonho; 3) os métodos indutivos (por exemplo, escrutar os correlatos cerebrais do sonho) não são concludentes como *critérios*; 4) os testemunhos descritivos dos estados privados não permitem distinguir o erro da verdade dessas descrições; 5) podemos dizer que os sonhos e as impressões da vigília são coisas diferentes mas que não são *logicamente* independentes; 6) a associação entre os movimentos dos olhos durante o sonho e o sonho em si são apenas "estipulações" dos cientistas (Dement e Kleitman) e implicam uma reforma do conceito do sonho.[17]

Nosso caminho crítico será diferente daquele escolhido por H. Putnam, pois queremos mostrar a *diferença* entre os encaminhamentos de Malcolm e os de Wittgenstein, e não uma eventual continuidade.[18] Não se trata, é claro, de retomar aqui todas as objeções opostas

---

cartesiano, que essa decisão crítica não é o resultado de uma revolução teórica recente ou da descoberta, finalmente, do *bom método filosófico* com a análise lógica ou gramatical da linguagem. A história da crítica do argumento do sonho começa pela publicação das *Meditações*. Locke, Espinosa, empiristas e racionalistas e sobretudo Kant, na sua refutação do idealismo, engajaram-se desde sempre a mostrar "o erro de categoria" subjacente ao argumento cartesiano. Longe de ser um revolucionário, como ele se apresenta, Malcolm representa um capítulo tardio de uma *tradição* muito antiga e venerável: uma espécie de onda anticartesiana que acompanha, como a sombra de uma sombra, a onda do *cartesianismo passeante*, que, nas palavras de Sartre, atravessa séculos, pálido simulacro da obra de Renato Cartesius, cuja singularidade histórica não é repetível.

[17] Cf. PUTNAM. Dreaming and 'depth grammar.

[18] Putnam quer, de fato, utilizar o texto de Malcolm (que, aliás, reconheçamos, é um excelente comentador de Wittgenstein) para *criticar* Wittgenstein. Trata-se de voltar aos problemas de análise do sonho do filósofo norte-americano, para mostrar a inconsistência dos argumentos do autor das *Philosophische Bemerkungen*, num movimento exatamente inverso ao que nos propomos aqui. Essencialmente, Putnam diz: "*His arguments* [de N. Malcolm] *are also of interest in that they can be read as simple versions of some famous arguments of Wittgenstein's as he is interpreted by Malcolm. If this interpretation of Malcolm's is faithful to what Wittgenstein had in mind, then these famous arguments are bad arguments and prove nothing. But this relation to Wittgenstein's philosophy may, in the present years, be a further reason for finding Malcolm's book interesting to discuss*" (PUTNAM. Dreaming and 'depth grammar, reimpresso

a Malcolm em cada um dos tópicos acima mencionados. Limitemo-nos ao uso da noção de *critério* e à consequente montagem da carta do conceito do sonho, por Malcolm, em seu livro e no ensaio que o precedeu.[19] Eu não seria, em todo caso, o primeiro a sinalizar o arbitrário da decisão de limitar o conceito do sonho ao único caso em que se é *sound asleep* e da consequente exclusão do sonambulismo, do pesadelo violento, do *delirium tremens*, etc., sobretudo se a intenção do autor é a de proteger a representação comum do sonho das deformações que as reflexões irresponsáveis dos filósofos introduzem nessa área quando se afastam do uso comum da linguagem. Ao contrário, não seria essa nova geografia conceitual (talvez mais do que as teorias neurofisiológicas) responsável por uma "reforma conceitual" desconcertante e injustificada? Somente essa redistribuição categorial (com a assimilação linear e exclusiva entre sonho/sono profundo/inconsciência) pode conduzir à identificação das *narrativas de sonho* como o único critério de sonho, destruindo, assim, o uso possível do argumento do sonho na estratégia do filósofo cético (supondo-se que Descartes seja um deles...).

Tal definição parece nos fazer mergulhar de imediato nas aporias. Para mantê-la, contra os argumentos de Yost e Kalish,[20] Malcolm se vê obrigado a dizer: "*Their condition falls in a doubtful border region between fully asleep and not being fully asleep. One can describe the thing only by means of some makeshift formula as 'Their feelings of suffocation are partly dreamt and partly real'. Because there is a criterion in present behavior*

---

em *Philosophical Papers II*, p. 304). A análise de Putnam, nesse texto, parece irretocável: *grosso modo* ela identifica, no uso feito por Malcolm da ideia de critério, uma forma extremamente dura de *verificacionismo*, tão radical quanto nas formulações do Reichembach de 1930. De um certo modo – mas voltaremos a esse ponto – tudo se passa, em *Dreaming*, como se o *sentido* tivesse sua precondição numa *verdade de fato*; tese que contraria o espírito o mais central do pensamento de Wittgenstein, desde sua primeira expressão.

[19] "Dream and Skepticism", de 1956, reproduzido com correções em DUNLOP (Ed.). *Philosophical Essays on Dreaming*.

[20] Cf. DUNLOP (Ed.). *Philosophical Essays on Dreaming*, p. 82. Os autores em questão examinam o caso do despertar do asmático que, saindo de um pesadelo de sufocação, descobre-se acordado e *realmente* sufocado.

for this feeling of suffocation, it does not belong to the content of a dream, in that pure sense of 'dream' that has its sole criterion the testimony of an awakened person".[21] O brilho do olhar e o sorriso que descontrai o rosto (critérios "behavioristas"?) não seriam critério de uma felicidade que se expressa *imediatamente*, como dizem frequentemente tanto Wittgenstein quanto Merleau-Ponty? O que há de estranho (*very queer... indeed*) nesse argumento? É, de fato, o que há de artificial na "*makeshift formula*" que é *atribuído aos fenômenos de transição do sonho para a vigília* (e vice-versa), esquecendo a redefinição categorial artificial que está na origem e que acaba por criar problemas de transição realmente insolúveis. Malcolm chega ao extremo de dizer, sempre tendo em vista os problemas de "transição", que "*The continuity of sensations and emotions is not very puzzling or interesting when what we are given is a transition sleep-**like** states and states of full awakeness, and where the criterion of continuity is more or less similar behavior in the two states*".[22] Ao visar, como Putnam, a problemática continuidade entre os raciocínios de Malcolm e Wittgenstein (e ao mostrar que o segundo não precisa enfrentar as dificuldades que o primeiro inventa), reconhecemos, imediatamente, que não há nada de heterodoxo em reconhecer que os conceitos têm fronteiras porosas e fluidas. O que é problemático é reconhecê-lo como o faz Malcolm, que pulveriza o "conceito comum", ao mesmo tempo que marca, como um severo policial de alfândega, *rígidas distinções de essência* entre sonho, sonambulismo, pesadelo, alucinação: categorias que, no entanto, apresentam intuitivamente um indiscutível "jeito familiar". Quando Wittgenstein insiste na porosidade das fronteiras categoriais, ele o faz justamente para denunciar *a ilusão platônica espontânea da filosofia*. Acrescentemos aqui, com Wittgenstein, que, se não há fenomenologia, há problemas fenomenológicos.[23]

---

[21] Cf. MALCOLM. *Dreaming*, p. 99.

[22] MALCOLM. *Dreaming*, p. 100.

[23] Aqui a reflexão poderia se deixar guiar pelo testemunho (ou a expressão) literária da transição. Penso, aqui, no manuscrito VI 14 de E. Husserl, "Das bewusstlose Ich-Schlaf-Ohnmacht", editado por J. Linschoten em apêndice a seu artigo "Over het Inslapen" (*Tijdschrift voor Philosophie*, Louvain, n. 14, p. 261-263, 1952), em que

O resultado final de toda essa operação, que esvazia o caráter enigmático da pretensa "experiência" do sonho, é que ela nos deixa diante do enigma do *queer phenomenon* do *dream-telling* que surge não se sabe bem de onde. O que ganhamos ao substituir um enigma por outro? Malcolm dispõe de uma resposta já pronta: "*In a lecture Wittgenstein once said that it is an important thing in philosophy to know when to **stop**. If we cease to ask why it is that sometimes, when people wake, they relate stories in the past tense under the influence of an impression, then we will see dream-telling as it is — as a remarkable human phenomenon, a part of the natural history of man, something **given**, the foundation for the concept of dreaming*".[24]

Haveria muita coisa a dizer a esse respeito, e o que diz respeito ao sentido dessa *parada* na filosofia não seria menos importante. *Interromper* o movimento da interrogação não pode querer dizer, para Wittgenstein, *acabá-la* pela descoberta de uma base ou de um fundamento. Tal análise faria *a análise categorial* acabar (como a sereia, essa bela mulher que acaba em rabo de peixe) em teoria empírica, num grave erro de categoria. Nesse caso a analítica wittgensteiniana deixaria de ser essencialmente uma *gramática* para se tornar, contra a expressa intenção do filósofo, uma simples *psicologia*.[25] Mas, sobretudo, também é preciso prestar atenção na linguagem em que Wittgenstein apela ao "enigma" do sonho, na qual não podemos deixar de perceber, até mesmo nos textos tardios, ecos por assim dizer "solipsistas", presentes em seus primeiros escritos. Sinalizemos, particularmente, os §§ 962 e

---

a ideia husserliana de adormecimento como "perda de horizonte" é ilustrada pela descrição proustiana do sono e de suas oscilações. Devo a descoberta desse texto de Husserl, precioso para minha apreciação, ao meu colega José Henrique Santos, da Universidade Federal de Minas Gerais.

[24] MALCOLM. *Dreaming*, p. 87.

[25] Lembremos que Wittgenstein insiste que seu interesse está na gramática, nunca na história natural, mesmo se ele parece abordar questões relativas à aprendizagem da criança. Ele até nos proíbe, e formalmente, de *fundamentar* um conceito na história natural. J. Bouveresse exprime muito bem os termos dessa proibição, mostrando que, se alguns fatos tornam impossível ou sem interesse um de nossos jogos de linguagem, nenhum fato poderia torná-lo *necessário*. Cf. *O mito da interioridade; experiência, significação e linguagem privada em Wittgenstein*. Paris: Les Éditions de Minuit, 1987. p. 593.

965 dos *Letzte Schriften über die Philosophie des Psychologie*: "Se vem a alguém, ao longo do dia, a lembrança de um sonho da noite anterior, trata-se, aí, de uma lembrança insólita", ou ainda: "O sonho, uma alucinação? – A memória de um sonho é como a memória de uma alucinação; ou, então, como a memória de uma experiência realmente vivida. Quer dizer, por exemplo, às vezes, teríamos vontade de dizer: 'Agora há pouco vi isto ou aquilo', como se há pouco tivéssemos visto isto ou aquilo". São textos que nos fazem lembrar o diário do 8 de abril de 1917: "Estamos dormindo, nossa vida é como um sonho...".

Detemo-nos um instante no "aspecto", na "aparência", na *fisionomia* dessas proposições. Mais do que em Ryle ou Malcolm, o *estilo* (que aqui é essencial), é o grande estilo do paradoxo cultivado por Lichtenberg no século XVIII que vem à memória aqui. O mesmo Lichtenberg que afirmava a necessidade de se poder dizer, em alemão, "*Es Denkt*", como dizemos "*Es Regnet*", numa frase repetida por Nietzsche e por William James, antes de ser retomada por Wittgenstein, numa linha reta genealógica que dá muito o que pensar. O mesmo Lichtenberg que aprofundava ainda mais o paradoxo quando dizia, num espírito diferente do da recepção anglo-americana do famoso "argumento da linguagem privada": "Quando, em sonho, converso com alguém, quando ele me refuta e me esclarece, sou eu que esclareço a mim mesmo; logo eu reflito".[26] Acreditávamos ter fundado uma espécie de teoria *a priori* do sonho, mas apenas *sonhamos com uma teoria*. Acordemos, então, por um momento.

IV

Ao atravessarmos todas essas aporias, resta-nos uma desconfiança: atrás desse uso da ideia de erro de categoria (ou da própria ideia de erro categorial), poderíamos, talvez, *também* identificar erros simplesmente *filológicos*: por exemplo, na leitura canônica (operada pelos filósofos

---

[26] *Apud* BÉGUIN, Albert. *A alma romântica e o sonho.* J. Corti, 1949, p. 15. Wittgenstein não chega a esse extremo. Ao contrário, ele chega a dizer, no fim de *Da certeza*, que, no sonho, nós não pensamos, *pois não temos consciência*... Mas ao mesmo tempo que parecer neutralizar a fonte do argumento do sonho, ele parece, de fato, ressuscitar o *argumento da loucura*, como o veremos mais adiante.

analíticos) de Descartes, mas também na leitura de Wittgenstein.²⁷ De um lado, de fato, o Descartes criticado é mesmo aquele das duas primeiras *Meditationes* – com o esquecimento do resto, sobretudo da sexta meditação, com seu: "*Docet etiam natura, per istos sensus doloris, famis, sitis et coetera, me non tantum adesse meo corpori ut nauta adest navigeo, sed illi arctissime esse conjunctum et quasi permixtum, adeo it unum quid cum illo componam*". De outro, Wittgenstein parece ser considerado como o adversário por excelência desse Descartes imaginário²⁸ – e o

---

²⁷ Nos limitamos, aqui, aos problemas colocados por algumas interpretações anglo-americanas de Wittgenstein. Mas seria também preciso examinar as dificuldades da recepção *alemã* ao filósofo austríaco. Penso em K. O. Apel e sua ideia de um jogo de linguagem universal ao mesmo tempo fundamento final e horizonte transcendental, que poderia sobrepujar – como metalinguagem última ou primeira – todos os jogos reais e possíveis (um pouco como o *Glasperlenspiel* da Castalia romântica de Hermann Hesse). Ou então em E. Tugendhat, que parece apagar a divisão, estabelecida por Wittgenstein, entre os enunciados de predicado psicológico na primeira pessoa do singular do presente do indicativo e os enunciados na terceira pessoa. Operação que parece contrariar não só Wittgenstein, mas também a própria linguística, pelo menos na perspectiva de É. Benveniste.

²⁸ Os escritos de Gordon Baker e Katherine J. Morris nos permitem descobrir a cumplicidade entre esses dois equívocos filológicos. Em seu *Descartes's Dualism*, já citado, eles se perguntam: seria a filosofia do século XX "melhor" que a do século XVII? E em 1988, G. Baker mostrava que, por causa da insistência, inoportuna, no "argumento da linguagem privada", a filosofia inglesa inventou, do começo ao fim, um debate inexistente, supondo que Wittgenstein tenha lido Descartes e que ele tenha travado uma batalha contra um adversário mais ou menos definido (cf. La reception de l'argument du langage privé. In: *Acta du colloque Wittgenstein*. Paris: T. E. R., 1988). Essas confusões feitas, há mais de um meio século, pela incompreensão da filosofia de Wittgenstein, explodem, no presente, de maneira mais grave nos esforços da construção de uma *philosophy of mind* no limite das chamadas "ciências cognitivas". Penso particularmente em Searle (herdeiro direto de Ryle e de Austin) e a confusão que seus escritos pressupõem entre análise *conceitual* e verificação *empírica*. Searle diz que, *no futuro*, as neurociências *demonstrarão* que a consciência é um *efeito* do cérebro. Claro, quem poderia imaginar alguém que pudesse "pensar" sem dispor de um cérebro? Ninguém, jamais, disse o contrário: a diferença está na leitura "conceitual" dessa *verdade de fato*, que não implica nenhuma filosofia e, sobretudo, *nenhuma concepção um pouco mais sofisticada da causalidade*. Ao mesmo tempo que recusa, com razão, a alternativa propriamente metafísica entre monismo e dualismo (materialismo, espiritualismo, ou dualismo matéria/espírito), ele acaba sendo, *ao menos epistemologicamente*, reducionista. O adepto de uma *aposta reducionista*: "– No futuro, vocês verão, o 'mistério' da consciência será dissolvido na trama perfeitamente objetiva do saber biológico"; eis que a questão gramatical dos predicados psicológicos na primeira pessoa do presente do indicativo tornou-se, para a *armchair philosophy*, coisa resolvida, no presente, pelo trabalho futuro dos especialistas da neurociência. 2) Além disso (um segundo problema logicamente inseparável do primeiro), é preciso admitir que não é fácil manter, ao mesmo tempo, um pluralismo ontológico

famoso argumento da "linguagem privada" é interpretado de maneira a validar um tipo de "behaviorismo" que o próprio Wittgenstein renegou expressamente.

Mas, sobretudo, acabamos nos deparando com a tese, altamente duvidosa, segundo a qual haveria, ao longo da história da metafísica, algo como uma estrutura categorial permanente e imóvel, visível apenas hoje em dia, graças a nossos métodos "modernos" de análise lógica. Graças a esses métodos, poderíamos julgar, no presente, retrospectivamente e de maneira inequívoca, a verdade e a falsidade das teses filosóficas do passado. Como se, no nosso presente, pudéssemos finalmente sobrepujar toda a história do pensamento, nela separar o verdadeiro do falso. *Como se nossas categorias fossem melhores ou mais perspicazes do que as do século XVII ou do século IV antes de Cristo.*

Qual seria a origem dessa ilusão pertinaz? Imagino que, sem remontar até Moore, a obra de Austin tenha sua parcela de responsabilidade. Não haveria, na raiz de sua prática analítica, algo como

---

ao lado de um monismo epistemológico. O contrário, talvez, seria pensável (como com Bergson, em que o prudente pluralismo metodológico não impede a exigência de um monismo ontológico). Mas Searle insiste que "a objetividade epistêmica do 'método' não exige a objetividade ontológica da *subject matter*". Existem *subject matters* que são "subjetivas" e outras "objetivas": "Algumas entidades" – escreve Searle –, "montanhas, por exemplo, têm uma existência que é objetiva no sentido em que elas não dependem de serem sentidas por um sujeito. Outras, a dor, por exemplo, são subjetivas no sentido em que sua existência depende de ser sentida por um sujeito. Elas têm uma ontologia subjetiva ou na primeira pessoa". É essa diferença ôntica (no fundo, a diferença entre *ser-em-si* e *ser-para-si* – Sartre – ou entre *estado-das-coisas*, suscetível de ser projetado numa proposição autêntica e uma *Erlebenis* atual, inobjetivável, somente suscetível de uma *Äusserung* – Wittgenstein) que garante o bastião no qual Sartre resiste ao reducionismo invasivo. Mas o monismo epistemológico parece apagar a diferença estabelecida como essencial: se as entidades da ontologia na primeira pessoa (subjetiva) são *explicadas* por entidades da ontologia na terceira pessoa ou objetiva, o que resta da oposição ao reducionismo? A dor de dente – uma vez explicada como efeito – parece perder sua consistência "ontológica" e tornar-se puro e simples *epifenômeno*. Seria ela, a "gramática das cores", suprimida pela física da luz? – Certamente que não, pelo menos segundo Wittgenstein e o bom senso. Seria difícil imaginar alguém que aceite negar a possibilidade de uma explicação da dor de dente. Mas, justamente, isso não muda em nada, pelo contrário, a necessidade de sublinhar o estatuto "fenomenológico" próprio ou a originalidade do uso desse predicado "psicológico" na primeira pessoa do singular do presente do indicativo. Perdemos esse ponto em que se cruzam os "problemas fenomenológicos" e a análise propriamente gramatical. Mais uma vez, então, eis-nos aqui diante da confusão entre história natural e gramática (Wittgenstein) ou entre metafísica e ontologia (Sartre).

uma concepção *darwiniana* da significação? Nossa linguagem é boa porque sobreviveu – nossos hábitos revelaram-se adaptados à realidade. Supondo-se que tenha havido apenas *uma* linguagem desde a origem da filosofia e da ciência... estamos todos no mesmo barco, desde Thales.[29] Mas existem também outras perspectivas mais prudentes, como a de Nietzsche (filólogo de profissão), que nos advertia "que existem mais linguagens do que se pensa". Ou como a de Wittgenstein, que acaba propondo pensar a linguagem "no plural", contra o espírito do *Tractatus* e sua ideia da universalidade da "forma lógica da proposição". Quer dizer que, entre a formulação cartesiana do *cogito*, a articulação do sentido do *Ich denke* na refutação no idealismo da primeira *Crítica*, a demolição nietzschiana do mesmo *cogito*, a psicologia de William James e "o argumento da linguagem privada", há toda uma história de metamorfoses categoriais. Não se pode jamais, sem ingenuidade, contrapor essas diversas concepções da subjetividade, como se estivéssemos numa arena perfeitamente neutra que nos permitiria pesar, com toda imparcialidade, os bons e os maus argumentos. Como se (é Gérard Lebrun que assim dizia, com seu *humor* característico) o *Eu penso* fosse uma velha dama que teria circulado, tal qual, sempre idêntica a si mesma, em diferentes salões da filosofia, ao longo dos últimos quatro séculos.[30]

Não há necessidade de *se pôr à escuta do Ser*, com tudo o que há de risco nesse alinhamento heideggeriano, ou de se aventurar numa empreitada especulativa bastante discutível para reconhecer que existe um devir da filosofia. É o que podemos ver num pequeno artigo publicado pelo mesmo Gérard Lebrun, no Brasil,[31] sobre a abordagem kantiana da ideia de *erro*. O ponto de partida é o fato de que a filosofia

---

[29] Bem parece que há aí uma característica da filosofia, digamos, "do senso comum", que é inaceitável. Escrevemos alhures: "A filosofia do senso comum gostaria que pensássemos como *de fato* pensamos: o problema da filosofia é outra: como é possível que eu não possa mais pensar *exatamente assim*?".

[30] Collingwood denunciava, já há algum tempo, a ilusão de seus colegas em poder isolar, num vazio meta-histórico (o vazio filológico artificialmente produzido em volta do discurso filosófico), e de distinguir entre proposições *verdadeiras* ou *falsas*.

[31] LEBRUN, Gérard. Erro e alienação. In: TORRES FILHO, Rubens Rodrigues (Org.). *Sobre Kant*. São Paulo: Iluminuras; Edusp, 1993. p. 15-23.

clássica, dos gregos a Espinosa, tenta *esquivar* o problema do erro. O que queremos mostrar neste capítulo é a importância da revolução crítica. Revolução da qual a filosofia analítica ou a *philosophy of mind* nem sempre tem [noção] na sua alegre caça aos erros de categoria.

Leiamos a reflexão 5.707 sobre "a certeza e a incerteza do conhecimento em geral". A ideia central é aquela segundo a qual não se pode fazer derivar a possibilidade do erro do simples reconhecimento da "incerteza objetiva" ou da finitude de nosso conhecimento. "Se o diâmetro aparente de uma estrela permanece incerto – mesmo se nenhum erro possa nascer dessa única incerteza". Lebrun opõe esse texto ao longo processo de exorcismo do erro que acompanha a história da filosofia desde o *Teeteto* e o *Sofista* de Platão até a IV^a *Meditação* de Descartes. E Kant, à primeira vista, parece permanecer dentro da tradição. O erro, como a verdade, só pode acontecer no interior do julgamento. Com Platão, e para além da aporia que encerra o *Teeteto*, descobrimos, com alívio, que "com o 'logos' predicativo, o espaço está aberto dentro do qual os contrassensos não são mais ontologicamente impensáveis e onde as distorções de sentido não são mais alucinações: com o benefício do jogo entre o conteúdo representativo e o julgamento, podemos 'dizer', sem sermos loucos, o que não se verifica".[32] Como a operação cartesiana da etiologia do erro não é diferente, passemos adiante.

Mas, será o pensamento clássico realmente capaz de explicar a *realidade* do erro? Parece que seja ao custo de reduzi-lo à sua forma mais banal. Kant retoma, por sua conta, parece, a concepção cartesiana do erro: "num certo sentido, bem podemos fazer do entendimento o autor dos erros, quer dizer [...] por falta da *atenção devida* à influência da sensibilidade [...]".[33] Mas, voltando à reflexão 5.707, da qual partimos, Lebrun mostra que o problema de Kant é justamente o de suprimir a base sobre a qual repousa "o otimismo epistemológico" do pensamento clássico que permite o erro na estrita condição de reduzi-lo a uma simples "inépcia", como quando confundimos Teodoro com

---

[32] Podemos dizer, por exemplo, "Théétète voa". LEBRUN. *Erro e alienação*, p. 16.

[33] LEBRUN. *Erro e alienação*, p. 17.

Teeteto, ou quando julgamos que 2 + 3 = 6. E essa base é o sólido solo de certeza que continua intacta de Platão a Descartes e Espinosa: não posso conhecer nada sem conhecer *aliquid*, "alguma coisa", "*Etwas*", "algo que é". Quer dizer que a ideia de erro é pensada sobre o fundo da ancoragem ontológica do pensamento sobre o ser ou sobre a verdade-em-si. No limite, Espinosa e o Sócrates do *Teeteto* não foram vencidos e são os mais consequentes: essa ontologia é incompatível com o *fato do erro*. De quem é a culpa? Talvez do grande Parmênides, que identificava *pensar* e *ser*, ao mesmo tempo que abria um abismo absoluto ou insondável entre Saber e Não Saber, ou, ainda, culpa dos sofistas, que, numa formulação subversiva da mesma tese, *diziam* que qualquer coisa, uma coisa seja lá qual for (*aliquid*, o que quer que *seja*, *everything goes*) e dizer a verdade eram uma só coisa.

É preciso distinguir entre *dizer* e *pensar* o Mundo. Para ser justo com o erro, é preciso inverter essa ontologia e essa concepção do saber. É a hipótese refutada como absurda por Platão ("Aquilo mesmo de que temos conhecimento, ignorá-lo, não por ignorância mas pelo próprio conhecimento que temos dele") que recebe aqui ou com a *Crítica* de Kant a permissão que produz uma teoria positiva do erro como *ilusão necessária*, ou como *self-deception*. Lebrun descreve enfaticamente essa volta do pró ao contra: "Mas tudo mudaria se este Saber-Testemunho constituísse justamente a *ignorância no coração do saber* [...], inimaginável, segundo Platão [...], se a Ciência, que os Clássicos tinham como medida de nossos desacertos, não fosse apenas este Não-Saber que confere a si mesma a *aparência* do saber o mais elevado".[34]

Com Kant, a fronteira que separava o Saber do Não Saber é apagada, e o erro não é mais um acidente externo à estrutura da Razão. A ideia de erro categorial pode deixar de ser o sinônimo de uma simples inépcia (onde se encontra o diacho dessa UFSCar?). Não é o sono que produz fantasmas: a própria Razão, quando não é retificada pela revolução crítica, pode deixar-se conduzir por *Aparências* que ela mesma distila e que podem (e só elas podem) fornecer a verdadeira e positiva etiologia do erro – do erro de categoria, é claro, pois os outros (2 + 2 = 1.000 etc.) não precisam de filosofia.

---

[34] LEBRUN. *Erro e alienação*, p. 22.

V

> *Quando ouvimos um chinês, temos a tendência a considerar sua linguagem como um burburinho desarticulado. Aquele que sabe chinês reconhecerá uma língua. Assim, me acontece não conseguir reconhecer o homem no homem.*[35]

Voltemos, pois, ao nosso ponto de partida. Vimos que não estamos mais preparados para descrever o uso da palavra "sonhar" do que para descrever o da palavra "pensar". Descobrimos que os contornos da categoria do sonho não são mais lisos e regulares do que as do pensamento. Vimos até que a ideia do erro de categoria foi muitas vezes descrita segundo um traçado um pouco redondo demais.[36]

Dever-se-ia, pois, esperar por um pouco mais de farrapos, nos limites que traçamos em volta de nossas categorias. O imaginário trabalha com a injustificável espera de regularidade: Hume já o sabia. Mas também as boas maneiras de nossa vida social. Não é por acaso que Jankélévitch[37] pensa a ideia de *modo de ser* levando em conta *maneiras* catalogadas por Baltasar Gracián: ninguém pode se apresentar à corte *vestido de farrapos*. O bom comportamento do mundo parece ser um postulado do pensamento, seja filosófico, seja científico.

É difícil imaginar, pensando no texto que inscrevemos em epígrafe logo acima, que Wittgenstein não tenha lido *The Concept of Nature*, de seu colega Whitehead, em que ele diz, numa frase que seduziu a imaginação filosófica de Merleau-Ponty, que "os limites da natureza estão sempre em farrapos".[38] Aí não se trata de gramática, mas francamente de *Naturphilosophie*. Isso não impede que ainda se trate de

---

[35] WITTGENSTEIN; Notas do 21 de setembro de 1914, *apud* COMETTI, Jean-Pierre. *La maison de Wittgenstein*. Paris: P.U.F., 1998. p. 55.

[36] Gaston Bachelard insiste no privilégio do *redondo* no nosso imaginário do espaço. Imaginário que tende sempre a se expressar no discurso filosófico, como na forma paradigmática da bela esfera de Parmênides. E ele acrescenta que, no fim de sua *Philosophie*, Karl Jaspers diz: "*Das Dasein ist rund*". Como são redondas demais as categorias nas quais a filosofia analítica pensa e sonha seu pensamento.

[37] Cf. JANKÉLÉVITCH, V. *Le je-ne-sais-quoi et le presque-rien*. Paris: P.U.F., 1957.

[38] Cf. a p. 50 do livro de Whitehead.

uma crítica do "dogmatismo" do pensamento clássico e de sua ideia de um "*ponto flash*". Quer dizer, de uma justaposição, no espaço, de uma forma de separação que *previne toda forma de contágio* entre o que definimos como fatos "elementares". Ao comentar essa observação de Whitehead, Merleau-Ponty acrescenta: "desde a primeira impressão, continua ele, esse conceito se mostra limpo demais".[39]

Um leitor malévolo diria que praticamos aqui uma insuportável "confusão de gêneros" (para voltar ao nome mais antigo de nosso assunto). Um *evento físico* teria algo a ver com as categorias ou os predicados psicológicos? Sim, pois ainda se trata do erro denunciado por Wittgenstein no texto em epígrafe: o erro de postular (voto devoto) demasiada clareza ou regularidade nas, digamos, *almas* e *coisas*, demasiada limpeza na *linguagem*. A metáfora da *natureza com perfil em farrapos ou mal desenhada* visa às *categorias do instante, do lugar e do* **acontecimento**, tais como foram definidas pelo pensamento clássico. Para Whitehead, "o pensamento clássico repousa na ideia de um ponto *flash*" (pensemos em Descartes, em sua ideia de tempo e do instante, e a maneira como eles ajudam a definir o ser pensante e o ser extenso). Para Merleau-Ponty, o essencial é que Whitehead "coloque em questão a ideia de localização única espacial de cada existência", ao mesmo tempo que a desconecta de qualquer forma de comunicação com "as outras existências espaçotemporais". Com essa distância assim considerada, o acontecimento deixa de ser entendido como um elemento no sentido de uma última parte, indivisível, simples ou última (literalmente como *átomo*), para começar a ser pensado como "elemento" no sentido de atmosfera ou de horizonte: Whitehead fala do *éter* dos acontecimentos.

O interesse que o texto de Whitehead oferece a Merleau-Ponty é duplo: 1) ele garante, à ideia de ambiguidade, um tipo de *fundamentum in re*;[40] 2) ele garante, à ideia de *elemento*, um sentido ao mesmo tempo arcaico e novo.[41] Arcaico pois se trata de uma ideia que nos remete

---

[39] Limpo demais ou *simples demais*, como o dizia ainda o Wittgenstein do *Tractatus*: "2. 02 – O objeto é simples".

[40] À condição, é claro, de reconstruir o sentido da palavra "*re*".

[41] Sobre esse assunto, ver o capítulo bastante esclarecedor de Renaud Barbaras: "Da ontologia do objeto à ontologia do elemento", em *Le tournant de l'Expérience, recherches sur la philosophie de Merleau-Ponty*. Paris: Vrin, 1998. p. 201-224.

aos pré-socráticos, e novo porque ela nos faz ir na contracorrente da tendência "objetivista" e "fundacionista" do *mainstream* da epistemologia do século XX, que se manteve em detrimento do estrondoso fracasso o projeto do Círculo de Viena. A recusa do ideal da fundação última é certamente ligada à recusa absoluta das fronteiras categoriais.

Estamos, aqui, no mesmo ponto em que acabamos de tocar com o texto 111 das *Fichas* de Wittgenstein. Claro, estamos bem longe de Sócrates, de Platão e de Aristóteles. Estaríamos do lado dos sofistas, como parece querê-lo (a respeito de Wittgenstein) Alain Badiou? Não vamos tão longe ou, pelo menos nesse encaminhamento de agora, tão rápido. Arrisquemos uma fórmula: nem Sócrates nem Pitágoras! Como parece sugerir uma nota de 1957, das *Remarques mêlées*[42]: "Sócrates que sempre reduz ao silêncio o sofista – o reduz ao silêncio *com legitimidade*? Claro, o sofista não sabe o que ele pensava saber: mas não há aí nenhum triunfo para Sócrates. Ele não pode nem se exclamar: '*Estás vendo! Não o sabes!*', nem de um tom triunfante: 'Nenhum de nós, então, sabe de nada!'".

Será que ganhamos alguma coisa, neste percurso errático, ao visarmos apenas de maneira negativa a teoria analítica do erro conceitual? Fixemos um ponto que parece visível no projeto de uma "metafísica descritiva". Ponto definido por Strawson, em seu belo livro *Individuals*, como "modesto".

À primeira vista, parece simples a tarefa de tornar visíveis as formas ou as precondições de nossa maneira habitual de pensar. No fundo: *pensar as condições necessárias para finalmente poder pensar o que pensamos de fato*. Digamos, um tipo de kantismo invertido em que a questão *quid facti* toma o lugar da questão *quid juris*. Ao mesmo tempo que mantém o estilo kantiano, a filosofia do senso comum não pode operar a distinção entre um *julgamento de experiência* e um *julgamento de percepção*.[43] A filosofia não seria um esforço "de *arrachement à soi*",

---

[42] Edição T. E. R., p. 69, tradução de Gerard Granel.

[43] Pois essa decisão suprime, imediatamente, o valor do senso comum, entendido como *Gemeiner Verstand* ou entendimento vulgar, por oposição ao *sensorium communis*, entendido como puro *Gemeinsinn*, que não tem outro conteúdo senão a circunscrição do *Ich denke* no horizonte da intersubjetividade, quer dizer, como

segundo a expressão de Foucault, mas um tipo de readaptação ao Mundo através do reencontro e da redescoberta, reconciliação consigo mesmo, na atualidade da vida de todo dia e suas formas de expressão. Reencontramos aí Moore com seu projeto de restabelecer o sistema das *verdades do senso comum*. A filosofia não tenta mais colocar a *épistheme* no lugar da *doxa*. Ao contrário, trata-se de propor uma teoria de um tipo de Razão Natural, de mostrar *as boas razões da opinião*.

Existe uma tendência em ler Wittgenstein como um *filósofo do senso comum*, o que garantiria uma continuidade com o empreendimento como o da "metafísica descritiva". Mas é, justamente, tal disciplina que é proibida por Wittgenstein quando objeta a Moore, por exemplo, "que o senso comum não tem respostas para os problemas filosóficos".[44] Isso significa parar o pensamento num sentido bem diferente do sugerido por Malcolm. Trata-se, justamente ao contrário, de relançá-lo lá onde sua parada parecia poder nos restituir *a paz do pensamento reconciliado com o senso comum*. Ou ainda, quando ele avisava Moore que os filósofos idealistas não estavam loucos ao negar, por exemplo, "que estou usando cueca sob a calça".[45]

Bem diferente da alegre caça aos erros de categoria que restabelece a paz do entendimento através do restabelecimento do vazio filosófico ou do conformismo do senso comum é o estilo da dissolução wittgensteiniana dos falsos (ou angustiantes) problemas da filosofia. É exatamente o que é sublinhado, por G. H. von Wright,[46] como um dos traços mais originais dessa nova concepção da filosofia. Como os *jogos de linguagem* e as *formas de vida* são ligadas internamente, os mal-entendidos linguísticos remetem a uma *desordem* na própria vida. E ele acrescenta que, se uma doença perverte seu uso, essa perversão deve remeter a uma perversão no coração da forma de vida em si. Para a filosofia, nós devemos liberar o fluxo da vida e alargar sua esfera.

---

    submissão do sujeito do modelo de uma *Razão Dialógica* (apesar do que diz K. O. Apel).

[44] *Apud* BOUVERESSE, J. *Le mythe de l'intériorité*. Paris: Les Éditions de Minuit, 1987, p. 150.

[45] *Apud* BOUVERESSE. *Le mythe de l'intériorité*, p. 571.

[46] Cf. VON WRIGHT, George Henrik. *Wittgenstein*. Paris: T. E. R., 1986.

É preciso lembrar que Wittgenstein via, na cegueira teórica de Frazer, a expressão de uma forma limitada de vida.[47] A filosofia é um tipo de *ars* de dissolução das nuvens metafísicas que se agarram a nossa forma de vida, diminuindo nosso campo de vista ou de pensamento. É assim que Wittgenstein considerava Ramsey um "filósofo burguês", pelo fato de querer achar um *fundamento* tanto para o Estado quanto para a matemática, em oposição ao bom "bolchevismo" de Brouwer.[48] *A estreiteza de uma forma de vida não é exatamente um erro teórico.*

Estamos, desde sempre, no elemento da *errância* ou das oscilações éticas. Antonia Soulez tocou o essencial, nessa direção, na sua análise da frase de Wittgenstein em que é dito: "A dificuldade da filosofia não é uma dificuldade de natureza intelectual, mas a dificuldade de uma conversão (*Umstellung*). Trata-se de vencer as resistências do poder".[49] Não nos enganemos a respeito da ideia de *conversão*: essa terapia não é exatamente uma *psico*-análise e nós não deixamos o domínio da análise *gramatical*. Como A. Soulez nos explica: "É por isso que Wittgenstein fala de 'doenças da linguagem', não de doenças de um 'sujeito' que sofre. A terapia se dirige a formas de pensamento compulsivas que mantêm encadeados mentalmente alguns de seus membros. A comunidade é esse corpo linguisticamente doente que é preciso libertar na escala de seus usuários pois não se pode, evidentemente, agir diretamente no conjunto todo, nem mudar todo mundo ao mesmo tempo. Wittgenstein pega um de 'nós', um 'sujeito', para exercer sobre ele essa ação libertadora".[50] Essa insistência na dimensão ética (mais do que teórica) da filosofia não

---

[47] Wittgenstein escreve: "*What a narrow life on Frazer's part! As result: how impossible it was for him to conceive of a life different from that of the England of his time. Frazer cannot imagine a priest who is not basically a present-day English person with all the same stupidity and dullness*" (WITTGENSTEIN, Ludwig. Remarks on Frazer's *Golden Bough*. Translation by Beversius. In: KLAGGE; NORDMANN (Ed.). *Ludwig Wittgenstein: Philosophical Occasions*, p. 125).

[48] Cf. Nota sobre Ramsay, *Remarques mêlées*, p. 27; e a referência de Ramsay sobre o "bolchevismo" de Brouwer em BRAITHWAITE, R. (Ed.). *The Foundation of Mathematics and other Logical Essays*. London: Routledge and Kegan Paul, 1931.

[49] Frase citada na página 28 do "Essai sur le libre jeu de la volonté", acrescentado à tradução das *Leçons sur la liberté de la volonté*, de L. Wittgenstein (Paris: P.U.F., 1998). O capítulo final do ensaio explica sistematicamente o sentido desta frase capital.

[50] Cf. SOULEZ. *La grammaire philosophique chez Platon*, p. 333-334.

implica, então, que ela tenha mudado de *método*. Essa terapia não é senão a análise gramatical ou categorial da linguagem. Mas essa análise é, por assim dizer, *infinita*, no sentido que, ao contrário do *Tractatus*, nunca acabamos com a filosofia: ela é de natureza *homeopática*, o remédio é da mesma natureza que a doença que ele combate.[51]

Claro, Wittgenstein diz que é preciso "saber parar" na interrogação filosófica, mas ele não diz em momento algum que devemos parar em um *Grund* final, lógico ou empírico, onde o pensamento poderia, finalmente, descansar (como sugere Malcolm na formulação de sua teoria da base do conceito de sonho nos fatos da história natural). Ao contrário, é preciso parar justamente nesse limite em que nenhum fundamento ainda é possível. Quando imaginávamos alcançar a segurança da rocha e da argila, do *Grund*, encontramo-nos à beira do abismo sem fundo, *Abgrund*. Não é na clareza de um mapa categorial (estrutura, *a priori*, da Razão ou *verdade de fato* do Senso Comum) que os falsos problemas podem ser dissipados, provocando a ataraxia.

Eu posso *convencer* alguém de um erro de categoria? Pode a razão substituir, sem conflito, o Mito, seja ele dos oráculos, seja do *ghost in the machine*? Já vimos que Sócrates é impotente diante do sofista. Além disso, podemos ler em *Da certeza*: "690. Suponhamos que encontremos pessoas que não as consideram [as proposições da física] como razões plausíveis. Como nos representá-lo corretamente? Em vez do físico, eles consultarão um oráculo. (E por isso os consideramos primitivos). Estarão errados ao consultar oráculo e ao se regular segundo ele? – Se chamamos isso de 'erro', não estamos em vias de sair de nosso jogo de linguagem e de *atacar* o deles? // 610. E temos razão de combatê-lo ou não temos? Certo, utilizaremos todas as espécies de *slogans* para sustentar nosso ataque. // 611. Eu disse que 'combateria' o outro, mas não lhe daria eu *razões*? Sim; mas até onde irão elas? Ao termo das razões, há a *persuasão*. (Pense no que ocorre quando um missionário converte os indígenas)".

Vemos, através disso, que com Wittgenstein, para retomar uma metáfora utilizada anteriormente, não estamos mais "no mesmo barco", à maneira da filosofia clássica ou da filosofia do senso comum.

---

[51] Foi A. Soulez que nos chamou a atenção para esse aspecto.

Ao contrário, sentimos nele algo de heracliteano (*nunca estamos no mesmo barco...*). Expliquemo-nos: Wittgenstein, em *Da certeza*, recorre mais de uma vez a metáforas heracliteanas. Penso nos parágrafos dedicados à *mudança de regras de jogos de linguagem*. Como podemos ver nos §§ 97-99 do livro em questão: "97. A mitologia pode, novamente, ser levada pela corrente, o leito em que correm os pensamentos pode se mover. Mas distingo entre o fluxo da água no leito do rio e o movimento deste último: embora não tenha, entre os dois, uma divisão nítida. 98. Mas se viessem nos dizer: 'A lógica é, pois, uma ciência empírica", estariam enganados. O que é certo é isto: a mesma proposição pode ser tratada, num momento, como o que deve ser verificado e, num outro, como uma regra da verificação. 99. E mesmo a margem desse rio é feita em parte de uma rocha sólida que não é sujeita a nenhuma modificação ou apenas a uma modificação imperceptível, e é feita, em parte, de uma areia que a onda leva e, em seguida, deposita cá e lá".

Qual é o sentido do jogo metafórico? Isso significa que os jogos de linguagem são essencialmente *mutáveis*, que há um tipo de metabolismo no qual as pseudoproposições de base (regras ou categorias) que abrem o espaço das verdadeiras proposições (quer dizer, proposições bipolares) podem mudar de lugar com estas últimas. Wittgenstein parece insistir na diferença entre o movimento da água e a mudança de desenho das margens do rio: porque a mudança das margens do leito do rio é *a mudança do próprio rio*. Um jogo de linguagem pode permanecer o mesmo, mesmo se proposições tomadas como verdadeiras passarem a ser tomadas como falsas (o que, aliás, é trivial). Menos trivial é que, se o bloco ou o aglomerado das proposições gramaticais (que não são bipolares) – quer dizer, a "mitologia" de base – muda, não podemos mais dizer que jogamos o mesmo jogo e que nos banhamos no mesmo rio. Não é o mundo que se mostra volúvel, somos nós mesmos que mudamos as regras de nosso jogo, e, com elas, *nossa forma de vida*, quer dizer, transformamo-nos em *outro* ao mudarmos nossas *categorias*.

Mas a explosão da ideia tractariana, a introdução da ideia de multiplicidade dos jogos de linguagem ou a introdução da ideia de *temporalidade* ("É apenas no fluxo da vida que as palavras vêm adquirir seu sentido⁵²'") na constituição do sentido parecem ter consequências mais fortes ainda para o destino da própria ideia de filosofia. Já no *Tractatus* a filosofia tinha essa dimensão ética e terapêutica. Mas a nova concepção da ideia de regra (que é, em si mesma, *zeitlos*), com a temporalidade essencial das proposições estritamente compreendidas, implica mudança radical na compreensão da subjetividade em suas relações com a *morte* e com a *loucura*. Notemos, de antemão, a emergência de uma problemática da intersubjetividade, inteiramente ausente no *Tractatus*. Claro, na proposição 3.001, já podíamos ler: "'Um estado de coisas é concebível' significa: nós podemos nos representá-lo através de uma imagem". Mas esse *Wir*⁵³ será apagado, ao longo do *Tractatus*, e dará lugar ao único *Ich*, de status estritamente transcendental, das proposições 5.621, 5.63 e 5.633. A esse solipsismo (reconciliado com o realismo...), em que o mundo e a vida acabam se identificando com o Eu, vem se associar uma visão *eternitária* da vida e do mundo. E Wittgenstein pode juntar-se à sabedoria de Epicuro, como na proposição 6. 431: "A morte não é um acontecimento da vida. Se entendemos por eternidade não a duração infinita mas a intemporalidade, então aquele que vive no presente é que tem a vida eterna. Nossa vida não tem fim, como nosso campo de visão não tem fronteira".

É com esse fundo que se deve ler a proposição escrita em 1944,⁵⁴ em que podemos ler: "Se na vida somos rodeados pela morte, igualmente na saúde do entendimento somos rodeados pela loucura". Parece que não estamos exagerando, que não estamos necessariamente caindo num *páthos* fácil ou de mau gosto, ao sublinharmos a força dessa proposição. Como poderíamos imaginar que a descoberta, no início dos anos 1930, do trabalho da temporalidade na constituição do sentido pudesse deixar intacta a ideia do *Místico* da proposição 6. 45: "O confisco do mundo *sub specie aeterni* é seu confisco como totalidade limitada. O sentimento do mundo como totalidade limitada é o Místico".

---

⁵² Ver o n. 913 do v. 1 de *Last Writings on the Philosophy of Psychology*.

⁵³ Pois, no contexto do *Tractatus*, ele só pode remeter a uma *multiplicidade empírica*, um fato *natural*, que não tem nenhum papel lógico-transcendental.

⁵⁴ Cf. *Remarques mêlées*, p. 56.

Já sabemos que a famosa *Übersichtlichkeit* – ao mesmo tempo visão muda, perspicaz e sinóptica – não pode mais dominar o mundo como totalidade *sub specie aeternitatis*. Mas o que será, então, de tudo que ultrapassa os limites? Algo como o *Outro* absoluto – o homem que não posso ou não posso mais reconhecer como *homem* – aquele que fala uma *outra* linguagem, que joga um jogo *diferente*. Ou ainda, o que não é muito diferente, o *i-mundo*, um mundo que não é submetido a regras, cujo *Nós* (*Wir*) não podemos dizer. Ou então mergulhamos, de vez em quando, no limite de *nossa* linguagem, quando fazemos filosofia. "Não somos loucos, Senhora, conversamos sobre filosofia...". É preciso sublinhar, aqui, outras frases de Wittgenstein que o merecem; a começar por aquela em que ele diz: "Não é *necessário* olhar a loucura como uma doença. Por que não como uma súbita mudança de comportamento – mais ou *menos* súbita?".[55] Podemos nos perguntar se a *Umstellung* visada pela filosofia, a terapia, não é exatamente um tipo de *Charakteränderung*, que define, aqui, a loucura como não doença.

VI

"[...] como é possível que eu não possa mais pensar *exatamente assim*". Com essa frase, queríamos expressar o essencial dessa crítica da analítica categorial como *prolegômenos* de uma boa e verdadeira *teoria filosófica da alma, da matemática e do mundo físico*. Quer dizer, simplesmente, que a filosofia tem limites, ou ainda, que ela é só *a exploração dos limites*. Com Wittgenstein, mas, sobretudo, também com as evidências da filologia (injustamente descreditada por alguns filósofos atuais) e da história da filosofia, queríamos insistir na importância da história das *metamorfoses categoriais*. Bem lido, Wittgenstein poderia nos permitir parar por aqui.

Mas nos é impossível esquecer um belíssimo texto de P. Hadot sobre "Filosofia, exegese e erros criativos", em que, curiosamente, a balança parece mudar de gravidade e em que *o erro categorial* torna-se mais a oportunidade para um novo impulso do que uma queda na

---

[55] Cf. *Remarques mêlées*, p. 67.

besteira do pensamento filosófico. O exemplo é o neoplatonismo, que teria ocasionado um resultado feliz a partir de interpretação de *Parmênides*, de Platão. O autor desse feliz equívoco é Porfírio, quando estabelece a diferença entre "ser", como infinitivo, e o "ser" como particípio. Distinção que seria *necessário* estabelecer, do ponto de vista neoplatônico, para resolver um problema difícil apresentado na leitura de Platão. O problema é o seguinte: nesse diálogo, Platão se pergunta: "Se o Um *é*, seria possível que ele não participe do ser (*ousia*)?". Ora, no neoplatonismo, supõe-se que a realidade se constitua, num processo decrescente de "realidade", do um em direção ao múltiplo, pela sucessão das diferentes formas do mesmo Um (imaginemos uma cascata, que tem sua origem num máximo *Ser*, inteiramente contraída sobre si mesma, mas que transborda justamente *por excesso* e que acaba, no limite, *por desaguar no Nada*). O que Hadot demonstra é que, para um neoplatonista, o Um em questão – na frase de Platão – é ou deve ser uma espécie de *segundo* Um. Se ele participa da *ousia*, ele deveria admitir, contra as regras, que a *ousia* é anterior ao *primeiro* Um. Isso não sendo logicamente possível, é preciso interpretar a *ousia* como referência indireta, enigmática ou simbólica ao "Um Primeiro": "O primeiro Um não é *ousia* no sentido de 'substância'; ele é, mais precisamente, *o ser*, no sentido de um ato puro e transcendente, anterior ao ser como objeto substancial (*sendo*)".

P. Hadot ressalta, é claro, o estilo *exegético* dos filósofos pré-modernos, aos quais o racionalismo moderno teria substituído o projeto de uma ciência rigorosa *a ser instaurada*, que corta, em sua raiz, a ideia tradicional da Escola Filosófica e dissocia a figura do filósofo da do Mestre *que já disse a verdade*; essa verdade *já dita*, da qual é preciso recuperar o sentido escondido ou perdido através da interpretação correta. Nesse novo espaço, seria mais difícil imaginar algo como um *erro categorial criativo*, quer dizer, um mal-entendido que produz um novo *conceptual framework*.[56] O fato é que a própria filosofia moderna

---

[56] Como no caso do exemplo do texto de Porfírio que abre o espaço em que poderão se opor interpretações diferentes da história do conceito do Ser, como a de Heidegger e aquela exposta no belo livro *L'être et l'essence*, de Étienne Gilson. Poderíamos falar, aqui, um pouco como Michel Serres, de um erro retrospectivo que se metamorfoseia em verdade teleológica.

esconde uma corrente subterrânea, que poderíamos chamar de *exegética*, em que cada filosofia *filtra e deforma*, ao mesmo tempo, os conceitos dos quais elas partem. Nós seguimos, aqui, as observações de Gérard Lebrun.⁵⁷ Como na relação entre Plotino e Platão, não poderíamos falar de uma "filtragem" de Leibniz por Kant, como este último, ele mesmo, parece sugerir? Lebrun remete às últimas páginas de *Resposta a Eberhard*. Nessas páginas, encontraremos "reorganizações de configurações conceituais – raramente operadas, é bem verdade, a céu aberto – que legitimam mais claramente, quando lhe prestamos atenção, o uso da expressão 'devir da filosofia'".⁵⁸ Se assim é, não é insensato falar de *criação de conceitos*, e a atenção às mudanças *quase imperceptíveis*⁵⁹ das épuras categoriais é ao mesmo tempo mais rica e mais *modesta* que a pretensão de desenhar o quadro do pensamento inscrito desde sempre na *Natureza Humana*.

Qual seria o negócio da filosofia? Não se trata, necessariamente, de propagar uma *visão de mundo* (seja ela historicista,⁶⁰ naturalista, socionaturalista ou espiritualista), demolindo a visão adversa, caçando os erros categoriais que lhe são subjacentes. Há uma *hybris* que se esconde

---

[57] Cf. LEBRUN, Gérard. Devenir de la philosophie. In: KAMBOUCHNER, Denis (Dir.). *Notions de Philosophie III*. Paris: Gallimard, 1995. p. 578-655.

[58] LEBRUN. Devenir de la philosophie, p. 651.

[59] Strawson comenta o § 99 num espírito totalmente oposto ao nosso: "*So much of a constant conception, of what, in Wittgenstein's phrase, is 'not subject to alteration in the human world-view'*". Na sua leitura, a frase em questão mostra que *mesmo as mudanças* da visão do mundo implicam um quadro fixo, permanente e *natural*. É claro, há em Wittgenstein a ideia de algo como uma *Humanitas minima*, interface entre vida e linguagem (pois o homem fala como ele anda ou come – são fatos de história natural). Essa leitura ignora o contexto "heracliteano" da frase, mas, sobretudo, ela não sublinha o que seria preciso sublinhar. Releiamos a frase inteira: "E *mesmo a margem* deste rio é feita de uma rocha sólida que não é sujeita a nenhuma modificação ou *apenas a uma mudança imperceptível, e ela é feita de uma areia que a onda leva e, em seguida, deposita cá é lá*". À procura da imutável metafísica do gênero humano (existem objetos físicos, pessoas, etc.), Strawson deve poder decidir nitidamente entre cultura e natureza, definir o ponto preciso em que "acaba a pele e começa a camisa". Wittgenstein parece, nesse contexto, mais próximo de Montaigne. Cf. STRAWSON. *Skepticism and Naturalism, Some Varieties*, p. 27.

[60] Pelo contrário, Wittgenstein criticava, em Spengler, o fato de ter transformado a prática comparativa em *théorie* ou numa *Weltbild*.

sob a aparente modéstia da chamada metafísica descritiva: a de poder, como se nada fosse, circunscrever, sem resto, a natureza e o espírito humanos, na forma de uma teoria positiva. Pode ser que a tarefa da filosofia seja mais modesta: a de nos livrar de certas *ilusões* impostas por nossa vida e nosso uso da língua. E, dentre essas ilusões, que não deixam de nos fascinar e de nos seduzir, a principal ilusão da filosofia seria a de nos fornecer, com uma teoria, uma ancoragem definitiva no Ser, uma linguagem finalmente transparente, esse instrumento que nos garantirá, para sempre, contra o erro e tornará possível a *fundação* de nossa forma de vida, ignorando sua contingência absoluta.

Para concluir este percurso um pouco "extravagante" ou intencionalmente "ziguezagueante", digamos que bem parece que uma boa parte da posteridade wittgensteiniana da língua inglesa percorreu, na contracorrente, o caminho do Mestre, acabando por recair numa concepção pré-kantiana da filosofia (daí a hesitação entre o ceticismo e o naturalismo). Em todo caso, parece que esse novo capítulo da filosofia analítica não reconhece, em nenhum momento, que só pode haver ontologia *negativa* (no sentido da expressão *teologia negativa*), como o diz, expressamente, Merleau-Ponty em *O visível e o invisível* e como o sugere claramente o segundo Wittgenstein, na medida em que ele filtra e depura sua prática analítica, deixando progressivamente de lado os pressupostos *positivos demais da onto-lógica* do *Tractatus*.

Capítulo terceiro
Heidegger: o transcendental e o ser-no-mundo. Kant redescoberto através de Aristóteles: a ida e a volta

I.1 O ponto de vista de Heidegger: sua leitura da *Crítica da razão pura*

§ 1 Já descrevemos o movimento através do qual a filosofia analítica viajou de Aristóteles a Kant e refez o seu caminho em direção inversa. Cabe agora examinar o movimento semelhante operado por Heidegger desde o início do século até os anos 1930. Que itinerário é esse? É aquele de um seminarista católico que se inicia na filosofia através da escolástica e que, mais tarde, através de Brentano, descobre Husserl e Kant. Trata-se de uma conversão, inseparável de sua conversão ao protestantismo. Ao protestantismo germânico-cristão-moderno, contra a tradição romana, papista e escolástica – mas, além de Lutero, sobretudo o cristianismo anti-hegeliano de Kierkegaard. Mais tarde veremos como, nos anos 1930, um movimento inverso se inicia – não, é claro, ao catolicismo inicial do mundo rural em que nasceu – mas em direção à aurora grega da filosofia. Não será aí indiferente a paixão pela poesia de Hölderlin e talvez pelo romantismo alemão, incluído Schelling, com sua valorização da interpretação *tautegórica* da mitologia grega e um certo entusiasmo pelo pensamento pré-filosófico ou pela filosofia *quando começa a se instaurar*, antes de Sócrates, Platão e Aristóteles. Aurora justamente eclipsada pelo mundo latino, mas recuperável na tradição do pensamento e da língua alemães. Voltaremos mais tarde a esse retorno. Basta, por enquanto, como fizemos com os filósofos de língua inglesa, desenhar o espaço reservado pelo primeiro Heidegger à recepção da *Crítica da razão pura*. Ao escrever seu primeiro livro sobre Kant, *Sein und Zeit* já fora publicado. E a interpretação fornecida da Crítica da Razão parece retomar ponto por ponto o grande livro recém-publicado de *Ontologia fundamental*. Esse passo prévio é aqui mais indispensável do que no caso anterior de Strawson, dado o complexo vaivém percorrido por Heidegger de sua iniciação filosófico-teológica até o momento do famoso *Kehr*. O próprio filósofo no-lo adverte ao final da nota preliminar à segunda edição de seu livro sobre Kant de 1950: "As falhas e as lacunas do presente ensaio tornaram-se-me tão evidentes percorrendo esse espaço do itinerário de meu pensamento que renunciei a destruir a unidade deste escrito por adições, apêndices e prefácios. Aqueles que pensam instruir-se-ão melhor com seus defeitos". Mesmo que de maneira esquemática, será necessário, antes de mergulhar no texto, descrever esse itinerário desde o início do século, marcado pela escolástica, até o momento final da obra, para compreendermos o momento da sua primeira leitura de Kant, tão intimamente ligada à escrita de *Sein und Zeit*.

Depois de uma formação básica de inspiração escolástica, na qual predominam os nomes de Brentano e Carl Braig, já a partir de 1909 Heidegger entra em contato com a fenomenologia husserliana, que lhe permitirá interpretar Aristóteles de maneira nova, bem como ligar essa releitura a uma nova leitura do racionalismo moderno, particularmente Kant.[61] Vinte anos depois, novas mudanças serão introduzidas na interpretação de Aristóteles e de Kant. Mas, aqui, interessam-nos particularmente os anos 1920 e seu magistério em Marburgo, onde, em contato com neokantianos como Natorp, tenta uma leitura da *Crítica da razão pura*, distante é claro do escolasticismo de partida, mas também distante do espírito contemporâneo da filosofia crítica. Trata-se de vislumbrar, na *Crítica*, mais do que uma mera *epistemologia*, algo como uma *ontologia fundamental*, numa empresa que não deixa de recuperar Aristóteles ao longo da nova interpretação de Kant, que provocaria o famoso debate em Davos com Cassirer.

---

[61] Cf., a propósito das sucessivas interpretações de Aristóteles criadas por Heidegger, o livro de Enrico Berti, *Aristóteles no século XX*. São Paulo: Loyola, 1997. (Leituras Filosóficas).

Na abertura do capítulo que consagrou às leituras de Aristóteles, do início do século XX até depois da Segunda Guerra Mundial, Enrico Berti aborda, de modo esclarecedor, o texto *Mein Weg in die Phänomenologie,* de 1962, em que Heidegger relembra seu itinerário, desde sua formação básica de inspiração jesuítica até a ideia do ultrapassamento da metafísica. Logo ao entrar na faculdade de Teologia da Universidade de Friburgo, descobre as *Investigações lógicas* de Husserl (com privilégio da sexta Investigação), que começam a desviá-lo de suas preocupações inicialmente teológicas: *incipit philosophia.* Aí descobre seu próprio ponto de partida com outros olhos, já que Husserl também fora discípulo de Brentano e nele descobrira a ideia de *intencionalidade.* Trata-se de uma nova visão de uma preocupação anterior. Dentre os múltiplos sentidos do Ser (a referência essencial é o livro de Brentano *Von der mannigfaltigen Bedeutung des Seienden nach Aristoteles*), a leitura de Husserl não o impede de manter o privilégio da Substância (*ousia*). Husserl não foi suficiente para afastar Heidegger da tradição escolástica. Mas logo se inicia um afastamento em relação a Brentano: simultaneamente, trata-se de mostrar (como duas faces de uma mesma moeda) a impossibilidade aristotélico-escolástica de *deduzir* o sistema das categorias (retomando a crítica de Kant e Hegel a Aristóteles) e a inoperância da operação brentaniana-escolástica de tentar uma dedução como se o Ser fosse, em si mesmo, uma categoria.

Mas esse distanciamento se faz por etapas, pois, modificando o conceito de analogia, Heidegger o faz transcender à multiplicidade essencial das categorias e a equivocidade do Ser: "Aristóteles conhece uma segunda forma de analogia, ainda que não indique a distinção das duas formas com alguma denominação particular. Esta distinção será introduzida mais tarde pela escolástica. À forma da analogia que já conhecemos será dado o nome de *analogia attributionis*, ou seja, a correspondência expressa como participação com um primeiro significado com função de guia; por exemplo: 'são'. A outra forma será a *analogia proportionalitatis*, ou seja, a correspondência expressa como semelhança de relações".[62] O esquema de Brentano é mantido,

---

[62] *Apud* BERTI. *Aristóteles no século XX*, p. 63. A tradução do texto de Heidegger, aqui utilizada na edição brasileira, é a realizada por Ernildo Stein, em *Conferências*

com a diferença de que deslizamos do privilégio da *Ousia*, para o privilégio das ideias de *Potência* e *Ato* na compreensão do sentido do Ser. Assim, Heidegger acrescenta: "Já na Idade Média, sobre a base da proposição de *Metafísica, teta 1* (início), citada mais acima, concluiu-se que o primeiro significado fundamental do ser, inclusive para os quatro modos tomados juntos [por acidente, por si, como verdade e segundo a potência e o ato] é a *ousia*, que se costuma traduzir por 'substância'. Como se também o possível [isto é, em potência], o ser real [isto é, em ato] devessem ser reconduzidos ao ser no sentido de substância".[63]

Depois de percorrer, assim sumariamente, *Mein Weg in die Phänomenologie*, resta-nos ainda mais um passo introdutório ao *Kantbuch*.[64] Como já dissemos, a operação de leitura de Heidegger, a despeito de sua complexidade muito maior, não deixa de ter algo semelhante à empresa já descrita de Strawson. Trata-se de *reler*, isto é, de repensar a *Crítica da razão pura* sem uma preocupação propriamente filológica. Num caso como no outro, a obra de Kant é *utilizada*: é um instrumento para uma nova filosofia. No caso de Heidegger, é claro, desde o início, trata-se de uma operação que não é uma simples *correção* de teses ou sua substituição por teses novas, ou "mais atuais". Desde o início, como toda leitura, está implícita a presença da virtuosa circularidade da *hermenêutica*. O leitor tem a liberdade de contrapor seu ponto de vista ao do autor, criando uma tensão que aspira a trazer à luz o *ainda não pensado*.

Essa intervenção do leitor representa, do ponto de vista puramente filológico, alguma violência. Não estaria Heidegger simplesmente projetando sua obra recém-publicada (*Sein und Zeit*) na obra

---

e escritos filosóficos. 2. ed. São Paulo: Nova Cultural, 1983. O mesmo ocorre com as seguintes citações dos textos de *Mein Weg*, utilizados pelo filósofo italiano.

[63] BERTI. *Aristóteles no século XX*, p. 64.

[64] Subjacente a todo esse parágrafo está o belo ensaio que Alphonse de Waelhens e Walter Biemel escreveram como introdução à tradução francesa que fizeram do livro *Kant et le problème de la métaphysique*, publicado pela Gallimard em 1953. Pouparei o leitor de sucessivas referências a esse texto, indicando-lhe que o essencial do parágrafo, exceto algumas intervenções minhas, quase esporádicas, frequentemente algo barrocas, encontra sua origem no citado ensaio.

de Kant? Sim e não. A novidade – surpreendente para muitos – é a de interpretar a *Crítica* não como teoria do conhecimento ou de seus limites, mas como entrada na *ontologia* ou como investigação prévia à questão essencial do *sentido do Ser*. Não haveria aí uma confusão entre filosofia antiga e moderna, entre Aristóteles e Kant? Ao proibir as metafísicas especiais (*Theologia, Cosmologia* e *Psychologia Rationalis*), não teria Kant esvaziado a ideia de *ontologia*, geral ou especial? Mas Heidegger pensa a história da filosofia como subtendida por uma questão única, visada sempre de modo diferente através dos tempos. Não se trata de simples "historicismo" – pelo contrário, trata-se de mostrar que a história do pensamento sempre modula a *mesma questão: – qual o sentido do Ser?* Não se trata de confundir Kant com Aristóteles, mas de reencontrar, na obra de ambos, pistas para retomar essa questão fundamental. Na verdade, não estamos muito distantes do Hegel que dizia: "A *história* da filosofia é a história da *filosofia*", numa frase apenas aparentemente tautológica; tanto assim é que Heidegger não deixa de lembrar a expressão hegeliana "*Die Sache der Philosophie*" (o "assunto" da filosofia). Mas é preciso distinguir: com Hegel a filosofia é essencialmente *Erinnerung* (ao mesmo tempo, reinteriorização, memória e recuperação – mas também *Aufhebung*, cancelamento e conservação), enquanto com Heidegger é essencial a ideia de *Esquecimento*, de uma perda de sentido que proíbe qualquer teleologia da Verdade e que faz da filosofia um perpétuo recomeçar.

    Antes de ser uma teoria do conhecimento e de seus limites, a *Crítica* seria uma análise da finitude do sujeito humano, tanto no nível da prática como no do conhecimento. Com efeito, o *Kantbuch* liga a análise do sujeito cognoscente ao do sujeito moral. De qualquer maneira, o assunto é menos o sujeito do conhecimento e mais o ser que, antes de assumir uma atitude teórica, *está essencialmente em relação com o Mundo,* numa relação originariamente *prática*. Não é por acaso que a *Crítica da razão prática* comparece como ponto essencial desse livro consagrado à *Crítica da razão pura,* assim como o Aristóteles de Heidegger é mais o da *Ética a Nicômaco* e da *Retórica* (mas também o da *Física*) do que o autor dos *Analíticos* e da *Metafísica*. A verdadeira metafísica só pode ser instituída a partir da compreensão da *Verhalten* (*práxis*) como *pré-compreensão do Ser*. Não se trata de *matar* a Metafísica – como se compreende vulgarmente a *Crítica da razão pura* –, mas de delimitar a arquitetônica e os limites da metafísica, como no caso de *Individuals*, com resultados mais surpreendentes para o senso comum. Tampouco se trata de resgatar a ontologia clássica, mas de *ultrapassá-la*, retomando seus passos iniciais: decididamente uma metafísica *revisionista*, a despeito do privilégio que a fenomenologia dá à *descrição*.

Para abreviar esta introdução ao *Kantbuch*, é preciso acrescentar mais um passo dado por Heidegger (algo como uma primeira "viravolta"), em sua constante releitura de Aristóteles. Referimo-nos ao curso sobre *Lógica, O problema da verdade*, em Marburgo, no curso de 1925-1926. *Grosso modo*, trata-*se* de traduzir em termos fenomenológicos a teoria aristotélica da verdade, definindo-a numa esfera anterior ou exterior ao juízo: o *lógos* entendido como *apóphansis* é antes de tudo *manifestação, desvelamento*.[1] Mas, ao mesmo tempo, o sentido do Ser, que passara da esfera da *ousia* para a da *potência*[2] e do *ato*, migra agora em direção à esfera da *alétheia*. Com isso define-se o campo para a emergência da ideia da *ontoteologia*, para a crítica da noção aristotélica da teologia (a metafísica entendida como a teoria do *Nous Theos*); em contraponto à concepção (também presente em Aristóteles) da metafísica como ciência do ente *qua* ente. Mas é nesse período, sobretudo, que Heidegger se debruça sobre Kant – que, de resto, foi objeto da segunda parte do curso sobre a *Lógica* –, em oposição à leitura neocriticista dominante em Marburgo. É, aliás, nesse período que escreve *Sein und Zeit* (como já observamos), em que Kant e Aristóteles são utilizados na desmontagem das metafísicas especiais e na proposta da famosa *ontologia fundamental*.

O *Kantbuch* é composto de quatro partes: 1) O ponto de partida da instauração da metafísica; 2) o desenvolvimento do fundamento da metafísica; 3) a autenticidade do fundamento da metafísica; e 4) a *repetição* do fundamento da metafísica. Nosso ponto de partida nada tem de cartesiano, da *démarche du chevalier du Poitou, qui partit d'un si*

---

[1] Cf. BERTI. *Aristóteles no século XX*, p. 105.

[2] Embora essa instância não seja abandonada, como o prova a importância da ideia de "poder ser" em *Sein und Zeit*.

bon pas,³ considerando a tradição da filosofia uma verdadeira *historia stultitiae*. Partimos do fundo da história da metafísica onde os "esquecimentos" (não os erros⁴) são fundamentais para a retomada do movimento do pensamento. Jamais um procedimento linear e "sintético", mas um movimento tortuoso (um constante vaivém entre o presente e o passado) e essencialmente "analítico" ou regressivo. No caso de Kant, em especial, é preciso levar em consideração o movimento essencialmente "regressivo" de seu pensamento, infelizmente ignorado por Strawson. Mas descrever o movimento regressivo da *Crítica* implica já de si um outro movimento regressivo ou a inscrição da obra na história da metafísica. O ponto de partida é a ambiguidade da definição da metafísica, já apontada, na sua instauração platônico-aristotélica. Sobre a qual há de se inscrever – criando novas ambiguidades – a tripartição cristã entre a teologia, a cosmologia e a

---

³ Ao usar essa linguagem, Péguy pensava provavelmente no autor do *Discurso do método*, introdução, apenas, da obra científica do filósofo. Mas mesmo nas suas *Meditationes de prima philosophia*, em que o procedimento é analítico e regressivo, jamais Descartes repensa o passado da Filosofia Primeira, que só pode ser instituída no instante presente, nesse tardio e puramente individual advento da Idade da Razão.

⁴ É preciso lembrar que Heidegger insiste na *positividade* da *errância*. No prefácio de meu livro *Erro, ilusão, loucura*, comentei uma gravura de Goya (*No saben el camino*) à luz de Heidegger, mas também do segundo Wittgenstein, que aí parecem convergir. Modificando o título da gravura para a primeira pessoa do singular, aí a descrevia como perfeita ilustração da *errância:* "Comecemos pela distribuição, no quadro, entre luz e sombra. Como observa Michel Roche, a luz vem da direita, iluminando menos da metade da figura e dando visão a alguns rostos e os obstáculos rochosos. Todo o resto permanece na escuridão. Intuímos que estamos no alto de um despenhadeiro, mas nenhuma indicação é dada sobre aquilo que está em torno, acima ou abaixo. O espaço branco na parte superior direita da gravura poderia ser o céu, acima de todos nós, iluminado pelo sol, que se infiltra na bruma envolvente. Mas poderia ser, também, o mar, visto de cima, como o vislumbramos, indo para o litoral paulista, do alto da Serra do Mar. De fato, a cena toda é vista *de cima*. Na parte superior esquerda, *idem*; tanto um céu coberto de nuvens, como um obscuro e revolto mar-oceano. No limite, insulados pelas névoas e perdidos no labirinto montanhoso, não mais sabemos localizar-nos no *plano horizontal* (é claro que se trata de um labirinto ou de uma *aporia* – um *Bergwege,* para utilizar uma linguagem próxima à de Heidegger), mas sobretudo no plano vertical não somos capazes de discriminar as vias sobre a superfície da Terra, entre o Céu que está acima dela e o Inferno que supostamente está abaixo. Justamente o que falta é o *horizonte*, ou aquilo que, sem ser propriamente a Terra, nos permite orientar-nos nela. Com isso retornamos a Kant e sua leitura por Heidegger. Penso no livro clássico de Kant *Que significa orientar-nos no pensamento?*".

psicologia racionais. À qual se associará, na aurora da modernidade e em continuidade com a escolástica tardia, o privilégio das matemáticas como modelo do método do pensamento. Aí temos a definição das raízes históricas do kantismo na tradição da escola de Wolff.

A despeito dessa origem, a empresa kantiana rompe, de algum modo, com ela, esboçando a "destruição" da metafísica (que identifica Ser e ente) e abrindo espaço para uma análise prévia da "compreensão do Ser". À metafísica clássica (ontoteológica) Kant oporia uma nova versão da metafísica como iniciada pela análise do comportamento do homem, em face dos entes. Colocando o conhecimento empírico em segundo plano, remetemos à questão hermenêutica da compreensão prévia do ser do ente.

A revolução copernicana não é, assim, apenas uma operação epistemológica que opõe o idealismo ao realismo, mas também uma operação capaz de dar fundamento à ideia clássica de *adaequatio*. No entanto, por que tal revolução assumiria a forma de uma "Crítica da Razão Pura"? Porque ela manteria a definição clássica do juízo como horizonte da verdade. A questão básica da nova ontologia – como pré-compreendemos o ente? – assume a forma da pergunta pela possibilidade dos juízos sintéticos *a priori*. Mas a fidelidade à tese clássica não impede Kant de entender a ideia de *síntese* de maneira revolucionária; o juízo sintético *a priori* não liga apenas o predicado ao sujeito, mas, sobretudo, o sujeito do juízo ao *ente*. Uma abertura na direção da descoberta do antepredicativo? Pelo menos a descoberta da esfera do *Transcendental*: ao hiato entre o transcendental e o empírico antecipa o hiato essencial entre o ontológico e o meramente ôntico.

Mas como se desenvolve a metafísica que aí encontra seu ponto de partida? A despeito do elogio do "pensamento pensante" ou errante, em nada escolástico, Heidegger parece proceder de maneira *sehr* sistemática e percorre, nessa segunda etapa de sua indagação, linearmente cinco pontos, à maneira da filosofia universitária alemã. (Digamos, esquecendo a dimensão essencialmente *pedagógica* de seu texto ou de seu *curso*, que, como Kant, quer introduzir o *Gemeiner Verstand* no domínio do pensamento.) Até mesmo a estrutura mais secreta de *Sein und Zeit* poderia ser compreendida como um esforço de *conversão do olhar* de seu leitor: menos como a demonstração de uma "Teoria" do que o esforço por levar o homem comum ao ponto de começar a pensar – mais uma vez, como nos escritos "dialéticos" de Aristóteles.

§ 2 Mas que nos seja permitida uma breve digressão. Penso na primeira parte de *Os conceitos fundamentais da metafísica: mundo, finitude, solidão*.[5] Trata-se de obra iluminadora, já que opera uma espécie de mediação entre *S. Z.* e o *Kantbuch*. Curso dado em 1929-1930, nosso livro é uma introdução à nova visão da metafísica, cujas considerações prévias (em três capítulos) fazem a passagem da nova compreensão da essência da metafísica à luz de uma nova maneira de rememorar sua história. Mas que nos interessa sobretudo porque o faz de uma maneira diferente da imposta pelo neokantismo contemporâneo, sem deixar de apontar o lugar privilegiado de Kant nessa história.

Grosso modo, digamos o essencial: o privilégio de Kant não se situa na história da filosofia moderna como *história da teoria do conhecimento*. Para que possamos bem compreender essa viragem, é necessário um percurso rápido e esquemático pelos três primeiros capítulos do livro. O primeiro capítulo vai direto ao essencial, tratando dos "Desvios que marcam o caminho da determinação da essência da filosofia (metafísica) e a imprescindibilidade de olhar a metafísica de frente". Trata-se de visar a filosofia de um modo diferente do imperante nas universidades ou na tradição escolar. Ou de vincar a originalidade absoluta da metafísica em face de atitudes como as da religião ou da mera "visão do mundo" (notemos, como enfatizaremos mais tarde, que Wittgenstein distinguirá, também, claramente a atividade filosófica de qualquer *Weltbild*). A diferença é indicada com a ajuda de uma sentença de Novalis: "A filosofia é propriamente uma saudade da pátria, um impulso para se estar por toda parte em casa". Não estamos portanto diante do simples ideal de um conhecimento *desinteressado*. Só filosofamos quando, de algum modo, somos arrebatados, envolvidos pela filosofia através de uma particular *tonalidade afetiva*. É com a seguinte frase que encerra seu primeiro capítulo: "Por conseguinte,

---

[5] Tradução brasileira de Marco Antonio Casanova. São Paulo; Rio de Janeiro: Forense, 1983.

os conceitos fundamentais não são universalidades, não são fórmulas para propriedades universais de um campo de objetos (animal, linguagem). Eles compreendem sempre e a cada vez a totalidade em si, eles são o *cerne do conceito*. No entanto, eles ainda são o cerne do conceito em um segundo sentido, igualmente essencial e correlato ao primeiro: em si, eles sempre compreendem a cada vez também o homem conceptor e seu ser-aí. Não ulteriormente, mas de modo que eles não são no primeiro sentido sem este segundo sentido e vice-versa. Eles não são o conceito da totalidade sem ser, ao mesmo tempo, o cerne do conceito da existência filosofante. O pensamento metafísico é o pensamento que se movimenta no cerne do conceito nesse duplo sentido: indo até a totalidade e transpassando conceptivamente a existência" (p. 12).

Nota do editor: a partir deste ponto, o manuscrito original continha transcrições de cursos ministrados em 2004 sobre a leitura heideggeriana de Kant. Essas transcrições não foram incorporadas à corrente edição.

Capítulo quarto
Ernst Cassirer: a apercepção transcendental e as formas simbólicas

1 O ponto de partida de Cassirer

Depois de passarmos pela recepção da crítica kantiana, especialmente a ideia de apercepção transcendental nas filosofias analítica e fenomenológica, é indispensável que nos detenhamos na obra de Ernst Cassirer, de importância crucial na primeira metade do século XX. Essa importância não deriva apenas do fato de dar continuidade aos esforços despendidos pela Escola de Marburgo (Cohen e Natorp) desde os anos 1870.

Desenhemos esquematicamente o horizonte da referida escola.[6] *Grosso modo*, com o primeiro livro de Cohen, *Kants Theorie der Erfahrung* (1. ed. 1871), estabelece-se o projeto do *retorno* a Kant, a contrapelo das tradições opostas do idealismo pós-kantiano (embora Fichte não esteja de todo ausente na obra de Cohen) e do "positivismo" do empírio-criticismo de Vaihinger. De um lado, por oposição ao idealismo especulativo, a volta a Kant compreende a filosofia como um esforço essencialmente *metódico*, entendendo essa palavra como o esforço de compreensão e de análise do

---

[6] Sobre a Escola de Marburgo são importantes os seguintes livros: VUILLEMIN, J. *L'héritage kantien et la révolution copernicienne*. Paris: P.U.F., 1954; DUSSORT, H. *L'École de Marburg*. Paris, 1963; PHILONENKO, A. *L'École de Marburg: Cohen, Natorp et Cassirer*; o mesmo Philonenko escreveu o capítulo relativo à Escola de Marburgo na *História da filosofia*, dirigida por François Châtelet, acessível ao leitor brasileiro em tradução publicada pela Zahar, em 1974 (v. 6, p. 188-210).

conhecimento científico, especialmente em suas formas mais exatas, isto é, da análise da *lógica* da matemática e da física (é claro que a expressão "lógica" guarda sua dimensão *transcendental*, por oposição ao formalismo da lógica que então eclodia e que passaria a imperar na virada do século). Aproximando-se, ao contrário da tradição idealista-especulativa, do conhecimento científico-positivo, o neokantismo de Marburgo não se aproxima, todavia, das diferentes formas de "positivismo" então vigentes. A tarefa de fundação do conhecimento científico-positivo permanece, na tradição kantiana, obra essencialmente filosófico-reflexiva.

Mas o retorno a Kant é mais o retorno a um *espírito* do que a uma *doutrina*. Não se trata de repetir, no presente, a filosofia kantiana já constituída no passado. Trata-se, antes, de retomar o esforço crítico, trabalhando matéria nova, isto é, a figura da matemática do século XIX, que não caberia propriamente nos quadros da primeira *Crítica*. Guardam-se, é claro, conceitos fundamentais, como o de *grandezas intensivas*, assim como nos "princípios do entendimento puro" as *antecipações da percepção*. Mas tudo isso tendo em mente a nova matemática, particularmente as formas mais formalizadas ou abstratas da *análise infinitesimal*, com privilégio para as ideias de *função* e *limite*. Tudo se passa, enfim, como se no novo kantismo a ideia de *intuição* tendesse a se estreitar cada vez mais, em benefício da análise e do cálculo. O equívoco da filosofia pós-kantiana teria sido, justamente, o de autonomizar a intuição, ignorando a prevalência da *exposição transcendental* sobre a *metafísica*, ou da *analítica* sobre a *estética*.[7] Sobretudo porque de outro modo se poria em perigo a unidade da razão, coroada pela unidade da apercepção transcendental – esse princípio dos princípios, acima do qual não há espaço para regressão alguma. *Grosso modo* temos aí uma ideia da Razão de estilo essencialmente *matemático* (retornamos à ideia clássica da *mathesis universalis* – os filósofos de Marburgo consagram alguns

---

[7] Aliás, J. Vuillemin, em seu belo livro *Physique et métaphysique kantiennes*, parece estar marcado pela tradição de Marburgo, quando insiste sobre a estrutura "dialética" da primeira *Crítica*. Com efeito, sublinha fortemente como a estética só se completa na analítica, dizendo, em linguagem hegeliana, que a analítica é a *Verdade* da estética.

de seus trabalhos a Platão, mas sobretudo a Leibniz e Descartes – devidamente atualizada pela nova matemática do século XIX). Mas de uma matemática que se transcende essencialmente em direção à física e que jamais se fecha numa esfera que precede a experiência e que, no domínio do princípio, não parte, como Kant, da lógica formal para chegar à lógica transcendental (de resto, em seu primeiro livro, *Conceito de substância e conceito de função*, como veremos a seguir, Cassirer começa por opor o segundo (marca da nova forma da racionalidade) ao primeiro herdeiro do par indissociável lógica/ontologia aristotélicas, solidária de uma visão ingênua do mundo, que teria sobrevivido nas modernas teorias da abstração, de que Berkeley e Stuart Mill seriam paradigmas). O domínio é o da experiência ou da objetividade, superior às esferas da pura subjetividade (condenada à mera psicologia) ou do Ser em si, transcendente e inefável. A não ser que entendamos por Ser não o ser-em-si, mas algo como o Ideal da Razão.

Voltados essencialmente para uma fundamentação das ciências exatas, em especial a física, não ignoram os filósofos de Marburgo a dimensão ética e estética da experiência, nem são, como já dissemos, assimiláveis a qualquer forma de positivismo. Já Cohen dá lugar à esfera do Direito no sistema da Razão, mesmo se tal abertura pareça estreita a Natorp, que caminhará numa direção diferente que chegará a deixá-lo perto de Heidegger, com uma filosofia do *Lógos* e do *Ser*. Mas é sobretudo com Cassirer que a diferença com o projeto original se acentua e virá a aproximá-lo nos anos 1920 da Escola Neokantiana de Baden, com seu projeto que englobará a ideia de fundamentar as *Geisteswissenschaften*.[8] Mas, para bem introduzir a seu pensamento, é preciso proceder lentamente, por etapas. Antes de tentar descrever as mudanças de seu itinerário (ao mesmo tempo, dar conta da física relativista do ponto de vista da filosofia transcendental – originariamente ligada à ideia da física newtoniana

---

[8] Como W. Windelband, estabelecendo as bases da diferença e da complementaridade entre as *ciências nomotéticas* e as *ciências idiográficas*, seguindo a pista do velho Dilthey, que aspirava a complementar a *Crítica da razão pura* com a necessária *Crítica da razão histórica*.

como monumento definitivo da Razão – e abrir o espaço para uma *antropologia filosófica*), detenhamo-nos em alguns momentos de sua filosofia da matemática, ignorando a diferença que separa *Conceito de substância e conceito de função* da *Filosofia das formas simbólicas*, já que no assunto que trataremos parece não haver mudança durante a década que separa a publicação dos livros.

Nota do editor: não há mais indicações de prosseguimento deste capítulo.

INTERMEZZO

AS AVENTURAS DA ANALÍTICA (A REDESCOBERTA OXONIANA DA FILOSOFIA PRÉ-CRÍTICA)

As aventuras da analítica

> *Certa vez eu lhe dizia* [a Jean Nicod] *que as pessoas que estudam filosofia deveriam tentar compreender o mundo e não apenas os sistemas dos filósofos do passado, como nas universidades. "Sim", ele respondeu, "mas os sistemas são tão mais interessantes que o mundo".*
> Bertrand Russell[1]

O termo "filosofia continental" foi criado pela filosofia analítica de língua inglesa para significar algo diferente daquilo que se chamava, no passado, filosofia *europeia* ou *ocidental*. Para examinar os movimentos intermitentes de transmissão e retransmissão da filosofia analítica pelo mundo (com muito ruído e simples mal-entendidos, mas, também com erros produtivos, como dizia Pierre Hadot,[2] com renovações e metamorfoses), para estudar, portanto, estilos diferentes que se chocam e se cruzam, como ondas na superfície do "mar sempre renovado", tomemos, como ponto de partida, uma frase de um filósofo perfeitamente "continental".

"A filosofia" – escrevia há alguns anos Gérard Lebrun – "tem muito mais a natureza de um arquipélago do que a de um continente". Certamente ele não pensava em uma espécie de "geopolítica"

---

[1] Ver RUSSELL, Bertrand. *Autobiography*, London: Unwin Paperbacks, 1987. p. 327.

[2] Como se ficar surdo à mensagem, não recebê-la, fosse também uma forma de dar lugar a uma mensagem inaudita, nova, que fosse preciso enunciar, dando um novo sentido *"aux mots de la tribu"*.

da filosofia ou em sua dispersão sincrônica nas diferentes culturas nacionais.³ Ele pensava mais nos sistemas filosóficos em sua individualidade, compreendidos como mônadas sem janelas, irredutíveis umas às outras, como fortalezas protegidas pela muralha secretada pelo "tempo lógico" de sua instauração. Ou, pensava ainda na descontinuidade essencial que marcaria a originalidade da história da filosofia como uma história de cortes sempre radicais.

Mas essa metáfora é suscetível de uma outra aplicação e pode, assim, introduzir-nos à discussão do assunto que lhes proponho. Que mudança descobriria quem fizesse o levantamento do mapa da dispersão do discurso filosófico, neste fim de século, dos dois lados do Atlântico, na Europa e nas Américas? Não é preciso dizer que o lugar ocupado pelo Brasil nessa cartografia constitui o objeto privilegiado de meu interesse, mas só falarei dele indiretamente, pois o acaso dos mais recentes encontros internacionais de que participei (assim como as atividades editoriais que exerci) obrigaram-me a refletir sobre a inesperada transformação que parece afetar as relações entre a filosofia norte-americana e a filosofia europeia nas últimas décadas. É verdade que, desde minha volta ao Brasil, no fim dos anos 1970, eu me voltei para a filosofia analítica, que ainda não me era muito familiar, mesmo tendo lido o *Tractatus*, no ano escolar de 1961-1962, em Rennes, como aluno do primeiro curso sobre a filosofia de Wittgenstein na França, lá introduzida então por Gilles-Gaston Granger. É verdade também que eu tinha, desde sempre, uma certa ideia dessa tradição, pois meu pai e meu irmão mais velho (18 anos mais velho que eu) tinham acompanhado os cursos de Quine no Brasil, no início dos anos 1940.⁴ De qualquer maneira, somente 30 anos mais tarde, depois

---

[3] Tampouco pensava as "filosofias nacionais", como o Hegel da *História da filosofia*, como antecipações, por assim dizer, ao mesmo tempo vitais e mortais, do advento da Razão Universal, triunfo do gênio germânico-cristão após a falência dos pensamentos do Oriente e da Grécia, incapazes de se alçar à verdadeira Universalidade ou ao triunfo da Razão Infinita. Esta nota era necessária, já que ao termo deste anexo retornaremos a uma outra face da dialética hegeliana, mais compatível com a natureza "polemológica" da filosofia.

[4] Onde ele publicou um de seus primeiros livros, *O sentido da nova lógica* (Martins, 1944), diretamente escrito em português por ele próprio. No fim de sua vida,

de me ter confinado à história da filosofia de língua francesa, na leitura de Bergson e Rousseau, é que comecei a tomar conhecimento de uma mudança de atmosfera no ensino da divulgação da filosofia em quase todo o mundo. Redescoberta iniciada pela leitura do belo livro *The Concept of Mind*, de G. Ryle.[5] Uma mudança de *estilo* que exprime, talvez, uma metamorfose mais profunda da própria filosofia e que põe em discussão o trabalho filosófico, ensino e pesquisa, no meu país. Não se trata, evidentemente, de nos atrevermos a um exercício temerário de futurologia filosófica e de descrever como se esboça, hoje, a filosofia do próximo século. Como diria Bergson, se eu pudesse descrever essa filosofia, poderia também escrevê-la, e, de um só golpe, ela não seria mais futura. Trata-se, bem mais modestamente, de fazer um diagnóstico de nossa experiência atual da filosofia e das mudanças que ela parece anunciar, para o bem e para o mal, sem ceder às tentações rivais de um otimismo beato, ou do catastrofismo.

Mas, de que mudança estamos falando? Penso nos esforços de cruzamento de tradições rivais, que quase sempre se opuseram de maneira muito polêmica: de um lado, a filosofia dita analítica (cuja tendência mais dura foi o empirismo lógico ou o neopositivismo), de outro, as diferentes linhas da filosofia continental: fenomenologia, dialética, neocriticismo. Testemunha da antiga atmosfera de intransigência é uma anedota do encontro de Royaumont sobre a filosofia analítica nos anos 1950. Nessa ocasião, G. Ryle, após ter feito uma descrição polêmica e um tanto caricatural da fenomenologia,[6] explicava, com ironia, a inviabilidade da arrogância ou da *hybris* fenomenológica na Grã-Bretanha; nas universidades britânicas, explicava ele, há um restaurante comum, o que obriga os filósofos a uma contínua

---

Quine ainda falava muito bem o português e, meio século depois, mostrava seu desejo de voltar ao nosso país.

[5] Meus colegas Marilena Chaui e Jacques Rancière não me esconderam sua surpresa quando comecei a ler sistematicamente Wittgenstein e a escrever sobre ele, no início dos anos 1980. Depois, ambos me disseram ter compreendido essa escolha.

[6] Mesmo se ele tivesse feito anteriormente um relatório não diretamente polêmico de *Sein und Zeit* e reconhecesse um certo parentesco entre seu *Concept of Mind* e *L'Imaginaire*, de Sartre.

coabitação com os cientistas, que acaba com as ambições de fundação absoluta ou transcendental. Pode-se imaginar que isso não deixou de provocar a cólera de alguns fenomenólogos... Mas, mesmo na França do pós-guerra, quando Jean Nicod era pouco lembrado, um pouco fechada à irradiação da filosofia analítica, abria-se, na tradição da *teoria da ciência* de Cavaillès, um espaço de recepção privilegiado com as obras de meus antigos professores Gilles-Gaston Granger e Jules Vuillemin. E mesmo no extremo oposto, o da fenomenologia e da hermenêutica, um Paul Ricœur, já nos anos 1960, apropriava-se cada vez mais dos instrumentos e dos métodos de análise da outra tradição. Em 1990, podia-se ler sob a pena do mesmo Ricœur: "A partir desses primeiros estudos, o leitor se confrontará com uma tentativa para inscrever na hermenêutica do Eu, herdeira, como vimos, de debates próprios da filosofia europeia – chamada estranhamente de continental pelos herdeiros de uma filosofia que, no princípio, foi... insular –, fragmentos significativos da filosofia analítica de língua inglesa".[7] Seria preciso acrescentar ainda que essa filosofia "insular" se libertou do hegelianismo e da filosofia transcendental, que imperava na universidade inglesa do século XIX, graças a Lord Russell (com a ajuda do italiano Peano e do francês Couturat) e com o seu encontro com a filosofia de Frege e Leibniz – significando que essa filosofia leu primeiramente em alemão e latim, italiano e francês, para poder criar, em seguida, a "filosofia analítica de língua inglesa". As duas filosofias rivais teriam, pelo menos, uma origem comum, tendo sido Frege o ponto de partida tanto de Lord Russell como de Edmund Husserl.[8]

II

Mas voltemos nossos olhos para as Américas. O que era a filosofia nos Estados Unidos na metade do século? No período entre as

---

[7] RICŒUR, Paul. *Soi-même comme un autre*. Paris: Editions du Seuil, 1990. p. 28.

[8] O que permitia a Michel Foucault afirmar para nós, na Universidade de São Paulo, em 1965, um ano antes da aparição de *As palavras e as coisas,* num tom provocativo: "É preciso ser uma mosca cega para não ver que a filosofia de Heidegger e a de Wittgenstein são uma única e mesma filosofia".

duas guerras, as universidades norte-americanas tinham conhecido uma imigração maciça de filósofos da Europa Central que fugiam do nazismo em ascensão. Também é preciso dizer que o mesmo processo ocorreu na Grã-Bretanha, como notou Perry Anderson, ao fazer o levantamento dos mais influentes mestres de escola da filosofia e das ciências humanas: L. Wittgenstein (Áustria), B. Malinowsky (Polônia). K. Popper (Áustria), Ishaiah Berlin (Rússia), E. Gombrich (Áustria), H. J. Eysenck (Áustria).[9] Ora, nos Estados Unidos é justamente o estilo do empirismo lógico que prevaleceu sobre as demais tendências, dando uma nova fisionomia ao ensino filosófico, mais severo, talvez, que na sua origem na Europa Central. Adorno e seus colegas de Frankfurt, por exemplo, ou melhor, seus trabalhos, nunca tiveram posteridade nos departamentos de Filosofia e nunca deixaram na filosofia universitária dos Estados Unidos uma marca comparável à dos neopositivistas. O único "nicho" que lhes restou seria o dos departamentos de Letras e de Ciências Humanas. Tudo isso levou a um novo *canon*, uma nova pedagogia que limitava a filosofia à lógica e à epistemologia e que, desqualificando ou banindo da instituição os demais estilos de pensamento, impunha o ideal de uma filosofia *científica*, cuja expressão mais severa seja talvez a obra de Hans Reichenbach. A filosofia torna-se uma atividade estritamente *técnica* e *profissional*.

Um primeiro exemplo dessa atmosfera de purismo, de assepsia e de exclusão puritana: em um de seus últimos livros, Hanna Arendt (a quem dificilmente pode-se recusar o título de filósofa) ressaltava nunca ter reivindicado a condição de *filósofo profissional*. Assim, no primeiro parágrafo do primeiro volume de *A vida do*

---

[9] Cf. ANDERSON, P. Components of National Culture. *New Left Review*, n. 50, July-Aug. 1968. Já que nosso assunto é o entrecruzamento, as passagens e as rupturas entre as filosofias nacionais, é preciso assinalar que a abordagem essencialmente crítica que P. Anderson faz da filosofia universitária inglesa não o impede de ser injusto com Wittgenstein – curiosamente uma leitura demasiado distorcida e demasiado "inglesa" da obra do filósofo austríaco. Para corrigir essa distorção, ver o belo livro de S. Toulmin e Alan Janik, *A Viena de Wittgenstein*. No mesmo sentido, ver meu ensaio "Wittgenstein: Cultura e Valor", em PAIVA, Márcia de; MOREIRA, Maria Éster (Coord.). *Cultura, substantivo plural*. São Paulo: Editora 34, 1996, p. 79-105.

espírito, ela se distancia da ideia de filósofo profissional, remetendo à irônica expressão de Kant: *"Denken von Gewerbe"*. A expressão é, certamente, utilizada no contexto da universidade norte-americana. O que transparece, em seguida, como uma referência polêmica a esse contexto: "É evidente que o fato da colocação dessas perguntas apresenta dificuldades. À primeira vista, elas parecem partir do que se chamava no passado 'filosofia' ou 'metafísica', palavras e domínios que, como ninguém ignora, estão bastante desacreditadas hoje em dia".[10] Em todo caso, vê-se que H. Arendt distingue claramente a ideia de *pensamento* da ideia de *conhecimento* ou, ainda, de uma atividade técnica ou profissional. Ao contrário de uma filosofia centrada no eixo da epistemologia, ela afirma que "a exigência da razão não é inspirada pela busca da verdade, mas pela busca da significação. E verdade e significação não são uma única e mesma coisa" (p. 30). Evidentemente, é Heidegger que está no horizonte dessas proposições (particularmente em *Was heisst Denken*, de onde ela toma algumas linhas para inscrevê-las na epígrafe de seu livro). Mas ela poderia também (para distinguir pensamento e conhecimento, sentido e verdade, e para opor filosofia e atividade profissional) remeter a Wittgenstein. Lembremo-nos dos termos em que ele adverte Norman Malcolm, que começava sua carreira de professor nos Estados Unidos: "*Somente por um milagre* você poderá fazer um trabalho decente ensinando filosofia. Eu lhe peço para não esquecer estas palavras, mesmo que você esqueça todo o resto que eu lhe disse...".[11]

Um segundo exemplo é dado por Stanley Cavell, no seu livro *Esta nova América, ainda inabordável*,[12] retraçando seus "anos de aprendizagem", sem esconder as inquietações de sua experiência de estudante. Como o caso de um professor que lhe dizia que havia somente "três maneiras de ganhar a vida honestamente na filosofia: aprender línguas e realizar trabalho acadêmico; aprender suficientemente a matemática para trabalhar seriamente a lógica; ou, então, fazer

---

[10] Tradução francesa: Paris: P.U.F., 1992. p. 22-23.

[11] MALCOLM, Norman. *Wittgenstein, a Memoir*. Oxford: Oxford University Press, 1958. p. 37.

[12] Tradução brasileira: São Paulo: Editora 34, 2000.

psicologia literária". Somente a segunda maneira era verdadeiramente "fazer filosofia". A última era a saída menor, por assim dizer, e não muito simpática para um aluno que parecia mais voltado à literatura do que à austeridade do puramente conceitual. E Cavell acrescenta. "Era, então, o fim dos anos 1950, quando o império incontestado do positivismo lógico, na tradição mais avançada, ainda não havia sucumbido e quando havia ainda muitos filósofos profissionais, que a revolução positivista convencera, a seu modo, do fim da filosofia; mas para quem, como acontece frequentemente com certas pessoas em todas as revoluções, a convicção chegava um pouco tarde para que pudessem reiniciar uma nova carreira. Parece que Rorty e eu vivemos um certo mal-estar diante desses esforços impuros das instituições filosóficas para manter um *curriculum* filosófico puro". É curioso notar que o professor arrogante talvez não soubesse que, ao usar (ainda que num sentido pejorativo) a expressão "psicologia literária", apontava, involuntariamente, para o futuro e inesperado itinerário de seu aluno. A própria expressão, forjada por Georges Santayana,[13] e que estava longe de ter um sentido pejorativo, remetia à filosofia norte-americana da virada do século XIX ao século XX – no entrecruzamento entre pragmatismo, transcendentalismo ou idealismo –, que Cavell iria redescobrir mais tarde, afastando-se do positivismo, mas

---

[13] Oscilando entre a filosofia europeia (apesar da hostilidade explícita com relação ao idealismo alemão, é impossível não notar os ecos do Schiller das *Cartas sobre a educação estética da humanidade* e mesmo de Schopenhauer em sua fenomenologia da *Vida da Razão*) e o naturalismo norte-americano, Santayana conservava sempre alguma coisa da origem europeia, da qual nunca se libertou: em algum lugar, ele define seu projeto como o de escrever, em inglês, o máximo possível de *unenglish things*. O que é a psicologia literária? Para Santayana, a filosofia, instalada no Universo das Essências, não pode jamais preencher o projeto clássico de se constituir como *a Ciência*, no sentido mais forte da palavra. Mas, se não pode tornar-se ciência, ela não perde por isso sua razão de ser. Se não nos dá mais acesso ao mundo *noumenal*, ela pode nos permitir uma melhor compreensão de nossa *experiência* do mundo, ela pode descrever os diferentes momentos (*Gestalten*, no vocabulário hegeliano) do que se pode chamar *A Vida da Razão*. Essa "psicologia" não será jamais, graças a Deus, científica: ela será literária, como é necessário no quadro hermenêutico, digamos, da vida da Razão ou de uma espécie de Fenomenologia do Espírito que, diferentemente da fenomenologia de Hegel, não quer ou não pode culminar no Saber Absoluto ou numa Ciência da Lógica. (Para uma análise mais detalhada, ver meu prefácio à seleta de textos *A filosofia de Santayana*. São Paulo: Cultrix, 1967.)

sem afastar-se de Wittgenstein, isto é, do momento mais rico e mais elevado da filosofia analítica. Outros nomes, certamente, poderiam ser associados a esse movimento de ampliação da ideia de Razão nos Estados Unidos. Como Sellars, Davidson e Putnam, nos quais não temos tempo de nos deter, como seria necessário. Mas seus trabalhos são muito conhecidos, e podemos examiná-los, de maneira breve, sem causar prejuízo a suas obras e, sobretudo, àquele certamente familiarizado com a ideia desses deslocamentos conceituais.

No momento, salientemos que se, imediatamente ao pós-guerra, tudo parecia correr muito bem para o empirismo lógico hegemônico na universidade norte-americana, os dogmas sobre os quais ele se apoiava (distinção categórica entre proposições analíticas e sintéticas, princípio de verificação...) já estavam em crise. A nova epistemologia militante e conquistadora iria conhecer a derrota, por obra de seus próprios soldados. Quine, Sellars, Goodman: são muitos os filósofos "analíticos" que vão se consagrar à morte do otimismo epistemológico do neopositivismo. De fato, na América, essa crise é a repetição de uma outra crise que já ocorrera na Europa, na passagem dos anos 1920 aos 1930, e que não deixara intacto o otimismo do ideal fundacionista das diferentes tendências da fenomenologia, do neokantismo e da própria filosofia analítica (nessa época, parece que os filósofos do Círculo de Viena não compreenderam, talvez, todas a consequências das proposições que lhes apresentava Wittgenstein). De fato, todas as tradições partilhavam, na origem, o estilo asperamente "modernista" (para utilizar a linguagem de Richard Rorty), que reconhecia a racionalidade somente quando ela repousa num *fundamentum absolutum*. Russell, Husserl, os filósofos da Escola de Marburgo voltando todos, e cada um a seu modo, à tradição do racionalismo (Platão, Descartes, Leibniz, Kant) identificam a Razão com o Absoluto, projetando sempre o domínio do empírico, da natureza, do psicológico e da história nas trevas exteriores da irracionalidade.[14] E, no entanto, é essa mesma filosofia que parece, por uma estranha inversão comandada por uma espécie de necessidade interna,

---

[14] Aqui seria necessária uma nuance. Não é exatamente o racionalismo que define, segundo Rorty, a essência do "modernismo", porém, muito mais o que se poderia

encaminhar-se para uma abertura e uma certa abordagem "relativista" da ideia de Razão, acompanhada de uma insistência crescente sobre as formas pré-epistêmicas da consciência e da linguagem, sobre as raízes pré-lógicas ou antepredicativas do conhecimento. É o caso da exploração do *Lebenswelt* por Husserl e, sobretudo, por Heidegger, da fenomenologia da expressão em Cassirer (que volta do projeto de fundação da matemática e da física para o exame da estruturação simbólica da experiência na linguagem comum e no mito), ou, ainda, da ideia de um *lógos* prático – para retomar a expressão de J. A. Giannotti – implícito nas noções de *Sprachspiel* e de *Lebensform* do segundo Wittgenstein. Aliás, uma mudança semelhante ocorria, entre as duas guerras mundiais, com o *downfall* do atomismo lógico, descrito por J. O. Urmson: mudança que se mostra no abandono de quatro princípios: 1) *unum nomen unum nominatum*; 2) a linguagem tem as mesmas características do cálculo; 3) isomorfismo entre proposição e fato; e 4) todos os usos da linguagem têm o mesmo tipo da descrição de estado-de-coisas particulares.[15] Belos anos esses anos 1930, quando tantas coisas mudam, de Heidegger a Wittgenstein, quando se cruzavam no céu, com tanta vida e intensidade, coisas que não eram apenas aviões da *Legion Condor*, que começavam a lançar a sombra do nazismo sobre a Espanha e o resto do mundo.

III

Ora, nos anos 1950 e 1960, a filosofia analítica nos Estados Unidos parece se beneficiar de uma abertura semelhante da ideia de forma simbólica, que lhe permite reencontrar, de maneira inimaginável na perspectiva do empirismo lógico, as tradições da filosofia continental. É o que se pode verificar, em particular, no domínio da estética, pela obra de dois filósofos que, aliás, nunca abandonavam a ideia da análise da linguagem como único método da filosofia. Penso

---

chamar "epistemologismo". O empirismo pode ser, também, uma forma de fundacionismo.

[15] Ver URMSON, James Opie. *Philosophical Analysis, Its Development Between The Two World Wars*. Oxford: Clarendon Press, 1958.

em Arthur Danto e Nelson Goodman. O primeiro, sem se afastar um só milímetro da tradição analítica, vai ao encontro do filósofo que, segundo Reichenbach, era o próprio modelo do que a filosofia *não deve ser*, a *bête noire* por excelência do espírito analítico: nem mais nem menos que Hegel. Eu cito: "*I think that nobody has ever talked better about artistic beauty as the idea given sensuous embodiment. I think that's about as good as you can get*".[16] No caso de Nelson Goodman, não é a estética hegeliana que encontramos nos prolongamentos da análise filosófica, mas uma estética que lembra intensamente a esboçada por Cassirer nos volumes de sua *Filosofia das formas simbólicas* e que, aliás, já tinha se incorporado à filosofia norte-americana nos escritos de Susan K. Langer[17] (nós deveríamos, talvez, acrescentar que essa oposição entre uma estética neokantiana e uma estética hegeliana não é radical, pois, no volume citado e em particular na análise do mito e da arte, Cassirer retomava, por conta própria, a ideia hegeliana de uma dialética da cultura como base da Razão[18]). Em seu belo livro *Ways of Worldmaking*, vemos Nelson Goodman propor, ao lado da ideia da verdade, a ideia mais larga de *correctness*, que abre o espaço

---

[16] *Apud* BORRADORI, Giovanna. *The American Philosopher.* Chicago: University of Chicago Press, 1994.

[17] Cf. LANGER, S. K. *Philosophy in a New Key.* Livro que parece especialmente precoce na curva que tentamos desenhar, publicado nos Estados Unidos em 1942. Trata-se de um livro cujo horizonte é claramente europeu. Assim, no seu prefácio, S. Langer enumera os autores que mais marcaram seu trabalho, entre os quais, Cassirer, Kurt Goldstein, Étienne Rabaud e Herman Nobi. E, na nota introdutória da edição de 1956, ela se coloca sob o signo de Whitehead e de Russell, evidentemente, mas, também, de Wittgenstein. Com a onipresença de Cassirer, eis uma filosofia norte-americana que pensa, também, dentro de um horizonte alemão e austríaco. Notemos, ainda, que Arthur Danto reconhece a importância de Susan Langer em seu próprio encaminhamento da filosofia das ciências em direção à estética.

[18] Na realidade, o que significa a mudança de atitude assinalada, na passagem *de Substanzbegriff und Funktionsbegriff* à *Philosophie der Symbolischer Formen* (3 v., 1923, 1925, 1929), a não ser a reiteração do gesto de *A fenomenologia do espírito* no movimento que o afasta da *Crítica da razão pura*? O que separa a empresa fenomenológica de Hegel da empresa crítica de Kant é justamente a ideia de que o domínio da Razão não é acessível *diretamente*, que o desvio pelo *saber comum*, pela consciência pré-crítica ou *pela experiência da consciência*, é indispensável (cf. HYPPOLYTE, Jean. *Genèse et structure de la phénoménologie de l'esprit de Hegel.* Paris: Aubier, 1946. p. 12).

para uma análise dos estilos de estruturação estética da experiência – alguma coisa, talvez, como uma nova teoria, afastada de qualquer psicologismo, da *imaginação transcendental*, que é constituída pela análise das obras de arte em sua singularidade mais concreta.

Mas não é somente pelo viés da estética que a filosofia analítica norte-americana iniciava uma nova travessia do Atlântico e uma reconciliação com a tradição continental. Mesmo no seu centro mais duro, isto é, no domínio da epistemologia, um movimento paralelo se esboçava. Penso nos escritos de N. R. Hanson, na maneira como ele se insurge contra o modelo hegemônico na teoria da ciência, em três níveis diferentes: a) na insistência sobre "a impregnação teórica" dos enunciados de observação; b) na ótica da descoberta contra o modelo hempeliano da explicação científica; e c) na importância da história das ciências na constituição da epistemologia.[19] É evidente que essa reconstrução significa, também, uma outra via de comunicação com a filosofia dita "continental", particularmente no caso preciso da reflexão sobre a astronomia, sobretudo se pensarmos em autores como Alexandre Koyré. Porém, mais interessante ainda é a guinada na reflexão sobre a linguagem, que produziu uma mudança de estilo na *philosophy of mind*. É o caso de John Searle, que, seguindo o caminho aberto por Austin, desenvolveu uma teoria dos *speech acts* ("atos de discurso", de acordo com a tradução sugerida por Paul Ricœur), tendo como alvo, na linguagem, sua dimensão semântica e pragmática, que o compreende como uma forma *de ação* (ou de p*rodução de coisas*), mais do que como uma forma *de representação de objetos*. Aqui, ainda, é a versão ortodoxa do empirismo lógico que é sistematicamente demolida, dando lugar a uma filosofia que pode encarar a questão da *consciência* ou da *ipseidade*, que tinha sido arquivada

---

[19] Ver, por exemplo, a maneira como ele define o conteúdo da primeira parte do livro I de seu *Constellations and Conjectures* (D. Reidel, 1973, p. 3): "A *hipótese de Hempel a propósito da Explicação e da Predição*: Predizer x é explicar x antes do seu acontecimento. Explicar x é predizer x após seu acontecimento: há uma simetria lógica especial entre os conceitos de explicação e de predição. *Objeções*: Há predições sem explicações correspondentes. Há explicações sem predições correspondentes. *A História da Teoria Planetária é a interação entre as Predições sem Explicações e das Explicações sem Predições.* A hipótese de Hempel só é realizada brevemente no século XVII".

como morta pelo antigo modelo de análise. E é aqui, também, que a filosofia analítica parece retomar contato com a tradição europeia, particularmente com a fenomenologia (Searle certamente não concordaria com essa aproximação; mas é exatamente essa convergência inesperada que tentamos demonstrar no prefácio para a edição brasileira de *The Mystery of Consciousness*[20]). Com sua definição de *speech act*, na verdade, Searle recupera, para a filosofia analítica, a ideia de *intencionalidade da vida da consciência*. Assim, um passo era dado na direção da redescoberta da legitimidade *da perspectiva da primeira pessoa*. "Algumas entidades" – diz Searle –, "as montanhas, por exemplo, têm uma existência que é objetiva, no sentido de que elas não precisam ser sentidas por um sujeito. Outras, como a dor, por exemplo, são subjetivas, no sentido de que sua existência precisa ser sentida por um sujeito. Estas têm uma ontologia subjetiva ou de primeira pessoa." Em uma palavra: nessa ontologia em primeira pessoa, o princípio berkeleyiano – *esse est percipi* – é válido, assim como a definição sartreana do *Dasein* como *ser-para-si*, sem que, por isso, sejamos condenados a recair no idealismo. É notável como essa temática nos aproxima da versão francesa e existencial da fenomenologia. Poder-se-ia ver nisso, também, traços não estritamente fenomenológicos do existencialismo francês, como a emergência de categorias pré ou parafenomenológicas incorporadas por essa filosofia. Penso na linguagem do Georges Politzer da juventude, o autor da *Critique des fondements de la psychologie* (Rider, 1928). Nessa obra, também, sob o signo de uma teoria "na primeira pessoa", tratava-se de demonstrar o paralogismo do "*objetivismo*" em sua "*compreensão*" da consciência. Politzer não se inspirava, evidentemente, na fenomenologia, pouco conhecida então na França (mas ele estava familiarizado com as diferentes formas da *Lebensphilosophie* do início do século e ligado, de maneira ambígua, certamente, com o bergsonismo, que atacará já

---

[20] Nem eu, aliás, posso ver a consciência como um *mistério* sobre o fundo de um mundo cientificamente determinável, pelo menos em princípio. Por que, então, o mundo seria menos misterioso que a consciência? Não haveria um enigma mais antigo? Wittgenstein diz bem, no *Tractatus*, *que não há enigma*; mas depois de ter dito, na proposição 6. 44, "O Místico não é o *como* é o mundo, mas *que ele seja*". O *há*, eis o único *enigma*, todo o resto é apenas *problema* solúvel em princípio.

em 1929 de forma virulenta); mas o essencial de seu livro de 1928 será retomado pela fenomenologia francesa. Notemos, ainda, que Searle vai buscar em Israel Rosenfield a ideia *de imagem corporal*, para fundar a intencionalidade da consciência em uma intencionalidade corporal mais primitiva. Como Merleau-Ponty já havia feito com o livro de Lhermitte (*L'image de notre corps*, *Nouvelle Revue Critique*, 1939), para propor uma reconstrução semelhante do mapa conceitual das relações entre a consciência e o corpo e uma ampliação da ideia de intencionalidade em sua *Phénoménologie de la perception*.

Porém, o mais curioso é que, em cada um desses momentos, nos quais a filosofia norte-americana refaz seus laços com a filosofia europeia, transgredindo as antigas proibições do programa do empirismo lógico, ela o faz redescobrindo o espírito original da própria filosofia norte-americana, isto é, reativando, por exemplo, a tradição, negligenciada ou esquecida durante um certo tempo, do *pragmatismo*. Estranho paradoxo: tudo acontece, de fato, como se o isolacionismo (por assim dizer) da filosofia norte-americana fosse obra de filósofos *europeus*, como se a redescoberta da tradição filosófica europeia fosse o efeito de uma volta à mais autêntica e autóctone tradição da filosofia dos Estados Unidos. Eu escrevia em algum lugar: "Cortando os laços que unem a filosofia à vida, à sociedade e à cultura, o neopositivismo abandonava a tradição local da filosofia [...] e é, justamente, para voltar a esta tradição norte-americana, anterior à hegemonia do empirismo lógico nas universidades, para retomar o contato com o transcendentalismo romântico e o pragmatismo, que autores como Stanley Cavell e Richard Rorty podem retomar o diálogo com filósofos como Nietzsche, Heidegger e Sartre".

Com esses dois autores, de certa forma próximos um do outro, é a própria essência do projeto analítico que é invocado. No caso de Rorty, é o antifundacionismo – ou a ruptura proposta com a tradição filosófica segundo o modelo platônico ou kantiano – que permite retomar o contato com a Europa: Nietzsche, Heidegger, Habermas, Derrida. De acordo com as palavras de Rorty, numa conferência pronunciada no Brasil: "Esta tentativa de descartar tanto Platão como Kant define a articulação entre a tradição pós-nietzschiana da filosofia europeia e a tradição pragmática da filosofia americana".[21] Mas se Rorty encontra assim o bom e velho pragmatismo de Peirce, de James e – sobretudo – de Dewey, Stanley Cavell reencontra ou reinventa o transcendentalismo de Emerson e de Thoreau, sem se esquecer, seguindo o mesmo movimento, de subverter a leitura canônica ou escolar de Wittgenstein. Na verdade, estamos diante de uma complexa dialética entre América e Europa. De fato, se com Emerson e Thoreau o pensamento começa a trabalhar para redescobrir a América, em sua paisagem física e moral, ele o faz com a ajuda do idealismo alemão e do romantismo inglês (ele próprio impregnado pelo romantismo alemão). É preciso acrescentar: se podemos dizer que o pragmatismo norte-americano é inteiramente autóctone, não se pode esquecer que seus inventores estavam particularmente familiarizados com toda a história da filosofia: antiga, medieval e moderna. Essa dialética se mostra mais complexa se lembrarmos que Nietzsche era grande leitor de Emerson. Ela ainda será mais complexa se a considerarmos como faz Claude Imbert na sua leitura de Cavell. Numa entrevista concedida à revista *Études*,[22] ela situa o interesse da empresa do filósofo norte-americano no quadro atual que resulta do dilaceramento da filosofia crítica, visível na oposição entre a análise de estilo carnapiano e a fenomenologia, como um esforço para restabelecer uma ponte entre o estético e o analítico no sentido kantiano dessas palavras, ou, acrescentamos ainda por nossa própria conta, como uma tentativa de evitar a aporia exposta por Strawson: ou ceticismo ou naturalismo metafísico. É a prática de Austin, mas sobretudo de Wittgenstein, que nos coloca novamente na esfera do "ordinário", que teria permitido, entre outras coisas, "uma análise muito perspicaz da arte norte-americana e da tradição de pensamento aberta por Emerson". Esse dilaceramento entre análise lógica e fenomenologia, ao qual fizemos alusão, está no coração do livro *Phénoménologies et langues formulaires*, de Claude Imbert (P.U.F.,

---

[21] Cf. RORTY, R. Relativismo: encontrar e fabricar. In: CÍCERO, Antônio; SALOMÃO, Wally (Org.). *O relativismo enquanto visão do mundo*. Rio de Janeiro: Francisco Alves, 1994. p. 116.

[22] Março de 1995.

1992). É justamente esse assunto, da fissura introduzida na arquitetura da *Crítica da razão pura*, que não cessa de se aprofundar ao longo do século XX, que tentamos retomar por nossa conta, a partir de um estudo comparativo e crítico de obras tão opostas como *Kant und das Problem der Metaphysik* (1929), de Heidegger, e *Bounds of Sense* (1966), de Strawson.

IV

Mas essa travessia do Atlântico não é realizada numa única direção nos anos 1970. A Europa redescobria a América. Entre outros, por exemplo, em 1973, K. O. Apel, com seu livro *Die Transformation der Philosophie*, tentava aclimatar a guinada linguística na Alemanha, atravessando o campo e os problemas da fenomenologia com os instrumentos da nova pragmática, mas, sobretudo, com a semiótica de Peirce. Assim transplantado, o pragmatismo assumia com ele um *tom* transcendental, ao contrário do tom naturalista escolhido por Rorty. E Habermas, *via* Apel, entabulava o diálogo com a filosofia norte-americana, especialmente com Rorty. É, sobretudo, sobre a *tensão* entre as iniciativas de Rorty e de Apel/Habermas, que a convergência não consegue eliminar, que seria preciso refletir: isto é, a tensão que opõe irremediavelmente o relativismo explicitamente assumido e o fundacionismo que renasce numa instância transcendental-comunicativa em que a Razão Clássica reencontra a paz perdida. E é sobre essa tensão que trabalhei numa conferência no Brasil, em um encontro internacional em que Rorty estava presente. Tensão em que eu via uma aporia ou uma contradição não suscetível de pacificação e que poderia ser exprimida tanto na linguagem de Pascal como na de Adorno: seja o célebre pensamento: "Tenho uma incapacidade de provar, invencível a todo dogmatismo, tenho uma ideia de verdade, invencível a todo pirronismo", seja a frase da *Dialética negativa*: "A dialética se opõe tão abruptamente ao relativismo como ao absolutismo: não é buscando uma posição intermediária entre os dois, mas, ao contrário, passando aos extremos, que procura mostrar sua não verdade". Não posso me furtar a uma referência ao comentário de meu colega Paulo Eduardo Arantes (meu debatedor, nessa ocasião), que insistia, justamente, na importância do *quase nada* que separa os dois itinerários. O que nos interessa, aqui, de seu comentário[23] é sua apresentação da acolhida concedida por Rorty aos escritos de Habermas. Paulo Arantes resume o texto de Rorty: "Sobre a simetria entre os adversários, Habermas teria o hábito de dizer – é Rorty que o cita – o seguinte: curiosamente na Alemanha sou considerado um *Aufklärer*. Sou universalista, esclarecido, acredito na razão, mas trata-se de uma razão diferente, não é a mesma razão dos clássicos, uma razão já um pouco enfraquecida [...]. Mas, enfim, como estou do lado de uma tradição que na Alemanha foi sempre minoritária [...], eu me sinto confirmado em minhas posições, porque meus adversários à direita são historicistas e relativistas, isto é, pertencem à velha tradição alemã antiocidental, isto é, antifrancesa, anticapitalista manchesteriana e assim por diante [...] Ora, no caso norte-americano, Rorty diz a mesma coisa: eu também me sinto reconfortado, digamos assim, com minha escolha progressista, porque meus adversários à direita, quem são eles? São *Aufklärer*, desejam que eu me baseie na verdade das coisas, que eu dê uma justificativa baseada numa ordem social justa da sociedade norte-americana, do capitalismo norte-americano e assim por diante. Há, portanto, um cruzamento. A conclusão do professor Rorty, se não me engano, é a seguinte: o que me separa do ponto de vista político-social de Habermas não é nada, trata-se, apenas, de uma questão filosófica. Simples questão filosófica!".

A descrição é boa, e a estranha simetria, bem-definida. Mas, contra a minha vontade, não posso acompanhar, se bem o compreendo, meu colega brasileiro em sua conclusão. Colocando-se na tradição de Frankfurt, naquilo que ela tem de mais vivo e original, meu amigo parece adotar, por um momento, a atitude *ironista* de Rorty com relação à filosofia, como se, no fundo, ela não fosse nada (ele diz "Habermas é *ainda* filósofo"). Se o norte-americano dissolve a filosofia na prática e na "grande conversação", Paulo Arantes parece dissolvê-la na história social da cultura, não fazendo justiça nem à filosofia nem a seu próprio trabalho filosófico, desejando que sua

---

[23] Cf. "Alta costura parisiense: nem Apel, nem Rorty", em CÍCERO; SALOMÃO (Org.). *O relativismo enquanto visão do mundo*, p. 103-104.

obra seja recebida como trabalho de *pura historiografia*, mesmo que esteja a serviço da crítica.

V

Nosso objetivo, no entanto, é outro, neste quadro impressionista, abstrato e caricatural que esboçamos dessas *Aventuras da analítica*.[24] Não se trata de fazer o elogio do ecletismo ou de propor um afastamento irônico da filosofia. Em nossas idas e vindas, não se tratava absolutamente de propor uma espécie de pacificação internacional da filosofia, numa espécie de Paraíso da Filosofia Eterna, essa monótona repetição do Mesmo. Trata-se mais de reconhecer o caráter *essencialmente plural* da razão ou ainda de aceitar que a filosofia deva passar pela ponderação comparativa dos estilos filosóficos. Tarefa, aliás, a que se propôs Barbara Cassin, se não me engano, num projeto de pesquisa sobre *a tradução filosófica*, compreendida não no sentido estrito – passagem de uma língua a outra –, mas no sentido de viagem de uma conceitualidade a outra conceitualidade. Tarefa que parece convergir para as pesquisas contemporâneas sobre uma possível *estilística* da escrita ou do discurso filosófico (como é o caso de autores como Gilles-Gaston Granger e Antonia Soulez).

De fato, o que podemos revelar de novo nessa filosofia (que agora já podemos denominar, talvez, *filosofia pós-analítica*) é a imanência da história da filosofia no coração da própria filosofia (a revanche, por assim dizer, de Collingwood). Sem chegar ao extremo de dizer, como Nicod, tomado ao pé da letra, parece sugerir, que o mundo não é muito interessante...[25] Tudo se passa como se hoje assistíssemos

---

[24] Aludimos indiretamente aqui, é claro, a *Aventures de la dialectique*, de M. Merleau-Ponty.

[25] E mesmo tomando-o ao pé da letra, poderíamos apoiar seu julgamento, nestas frases da *Lecture on Ethics*, de Wittgenstein: "*Suppose one of you were an omniscient person and therefore knew all the movements of all the bodies in the world dead or alive, and that he also knew all the states of mind of all human being that ever lived, and suppose this man wrote all he knew in a big book, then this book would contain the whole description of the world; and what I want to say is, that this book would contain nothing that we would call an ethical judgements [...]. But all the facts described would, as it were, stand on the same level. There are no propositions which, in any absolute sense, are sublime, important, or trivial*" (WITTGENSTEIN, L. *Philosophical Occasions 1912-1951*. Edited by J. Klagge and

à demolição de um outro dogma do empirismo lógico: o dogma que substituiu o lema inscrito por Platão na entrada da Academia ("Aqui não entrará aquele que não conhece a geometria") pelo lema ainda inscrito na entrada de alguns departamentos de Filosofia: "Aqui não entrará aquele que faz história da filosofia". Tarefa que se faz mais necessária quando a onda cada vez mais volumosa das supostas *cognitive sciences*, parece fazer a *philosophy of mind* revalorizar um objetivismo naturalista que não é diferente do da segunda metade do século XIX, contra os quais se levantaram os Pais Fundadores da filosofia do século XX: do neokantismo a Bergson, passando por Frege, Edmund Husserl e Bertrand Russell. A questão é o assunto do grande volume publicado, sob o título *Naturalizing Phenomenology: Issues in Contemporary Phenomenology and Cognitive Science*,[26] em que, entre outros, três filósofos se opõem à maré crescente do naturalismo cientificista ou objetivista, dois franceses e uma brasileira: Renaud Barbaras, Jean-Luc Petit e Maria da Penha Villela Petit, todos mais ou menos provenientes *du côté de chez* E. Husserl. Seria preciso, portanto, recomeçar tudo? Teríamos ganhado algo, em todo caso, rememorando esse desvio que parece terminar em círculo? Nosso ponto de chegada não parece ser o ponto de partida do movimento descrito?

Assim, é a relação entre a filosofia e sua história que parece estar no centro das alternativas da reflexão contemporânea, e as escolhas feitas (as diferentes escolhas da *política* da filosofia) poderão determinar nosso futuro. Eu gostaria que se reconhecesse que o passado da filosofia não está *atrás* de nós, que ele nos impregna, que está presente na nossa atualidade mais viva, e somente a atualização ou a

---

A. Nordmann. Indianapolis; Cambridge: Hackett, 1984. p. 39). Dizendo de outra maneira, o mundo, bem descrito, não é nem importante, nem interessante, nem mesmo *trivial*. Ele não tem nenhuma importância.

[26] Editado por Jean Petitot, Francisco Varela, Bernard Pachoud e Jean-Michel Roy. Stanford: Stanford University Press, 1999. 641 p. Lembramos que o projeto de naturalização da epistemologia em *Cognitive Sciences* não coincide com o projeto de Quine. Porque este, se não me engano, só pode naturalizar a epistemologia ao preço de *epistemologizar a natureza ou o Ser*. Não esqueçamos que, para Quine, "ser é ser o valor de uma variável ligada".

reinteriorização (*Erinnerung*, dizia Hegel) desse passado poderia nos lançar para o futuro. A diferença sincrônica e diacrônica, história e "geografia", por assim dizer, da filosofia seria o próprio *assunto* da filosofia (*Die Sache der Philosophie*, como dizia ainda o mesmo Hegel). De outra forma, na idade da globalização que vivemos, poderíamos nos encaminhar para uma simples *homogeneização* da filosofia, que seria justamente o contrário da *universalização* à qual ela sempre aspirou e que é inseparável da vida da polêmica. Como dizia Heráclito: "O que é contrário é útil e é da luta que nasce a mais bela harmonia: tudo se constrói pela discórdia". Para terminar: sem um mínimo de negatividade o Pensamento se pacifica e se apaga, ele não pode sobreviver sem polêmica e, sobretudo, sem a necessária e interminável *polemologia*, que não aspira mais a nenhuma forma de pacificação final. Ou, ainda..., misturando as linguagens diferentes de Freud e de Wittgenstein: *análise terminada, análise interminável*... Como vocês podem ver, eu não sei terminar... Paremos por aqui, onde, talvez, deveríamos começar. Depois desse passeio *extravagante* e um pouco selvagem fora dos muros das *doutrinas*, retardemos a tomada de um ponto de partida que se julgaria *inabalável*...

SEGUNDA PARTE

**O LUGAR DO SUJEITO
NA LINGUAGEM E NO MUNDO**

Capítulo primeiro
O lugar do *cogito* na filosofia analítica e nas "ciências cognitivas"

Quando me propus tal tema, tinha em mente um dos paradoxos de nossa contemporaneidade – que mostra o que há de fortemente regressivo nos processos desencadeados pelas novas tecnologias e pela nova economia – apenas no campo da filosofia. Tinha em mente a volumosa produção das chamadas *cognitive sciences* e pensava apontar como, em algumas de suas manifestações, tal literatura nos devolve à atmosfera do naturalismo de meados do século XIX, que exigiu vários "retornos a Kant", bem como os esforços simultâneos de Bergson, de Husserl e de toda a linha da filosofia analítica. O paradoxo seria o seguinte: tudo se passa como se boa parte dos pensadores contemporâneos ignorassem todas as grandes obras do século XX. Hoje muitos não se escandalizariam (apenas "modernizariam") a frase de Büchner, de 150 anos atrás, segundo a qual o cérebro seria uma espécie de "glândula", e o pensamento, sua "secreção". Há poucos meses o recém-falecido e grande cientista Francis Crick (Prêmio Nobel e descobridor do DNA) anunciava triunfalmente ter descoberto a "célula" da alma, que punha por terra, definitivamente, com a autoridade da ciência positiva, uma visão religiosa do mundo e suas implicações, como a imaterialidade e a imortalidade da alma. Como se as ideias de subjetividade, consciência e significação remetessem automaticamente ao espiritualismo e como se o monismo reducionista não fosse autocontraditório.

Retornando a algumas décadas antes de Büchner, poderíamos lembrar a frase de Hegel contra a frenologia de Gall, quando afirmava que "A razão não é um osso". Hegel, é claro, é um filósofo idealista, mas sua frase poderia ser endossada por Husserl e Russell, pelos empiristas lógicos, sem pensar, é claro, nos neokantianos, isto é, por toda a filosofia significativa do século XX. Numa palavra, como procuraremos sugerir, o monismo reducionista elimina as ideias de significação e de verdade (laboriosamente montadas por Platão e Aristóteles em seu combate contra a sofística), deixando de lado a evidente circularidade da expressão "*cognitive science*", ou ciências dos processos cognitivos, ou ainda *ciência do conhecimento científico*. Embora, é claro, como veremos, essa disciplina pertença antes ao domínio da especulação filosófica e de apostas sobre os resultados futuros (ainda desconhecidos) da própria ciência. Uma ciência? Uma nova versão da antiga concepção metafísica, incontrolável cientificamente?

Mas nossa intenção não é a de polemizar, globalmente, contra as ciências cognitivas, não só pelo evidente interesse (tanto científico como filosófico) dessa nova literatura, mas também pela nossa limitadíssima familiaridade com ela. Nosso alvo é bem mais restrito e modesto: examinar as dificuldades filosóficas implícitas em um dos projetos teóricos mais interessantes da área e que não deixa de ter algo de paradigmático dessa nova literatura.

Mas antes de mergulhar na obra do professor de neurociências da Escola de Medicina da Universidade de Nova York, Rodolfo R. Llinás, *I of the Vortex: from Neurons to Self* (Cambridge, MA; London: MIT Press, 2001), permitamo-nos uma breve digressão. Um artigo do historiador inglês Peter Burke, publicado recentemente (11 de julho de 1994) trouxe água inesperada para o meu moinho comentando historiadores atuais que apontam para uma grande similaridade entre esta virada de século e a segunda metade do século XIX. Trata-se de livros recentes, de um historiador italiano e outro inglês: Carlo Funari (*Verso una societá planetária*, Donzelli, 2003) e Christopher Bayly (*The Birth of Modern World*, Blackwell, 2004). As duas obras convergem ao mostrar, cada uma à sua maneira, que as transformações do mundo contemporâneo (o conceito de "globalização" foi formulado pela primeira vez em 1980 por economistas como Theodore Levitt) repetem estruturalmente aquelas que ocorreram entre 1870 e 1914. Começava então o estabelecimento de um mercado mundial, com efeitos na vida cotidiana provocados pela multiplicação das comunicações (o telefone, etc.), bem como na cultura em geral. *Globalização arcaica* é o termo que o historiador inglês usa para descrever um período mais longo (1780-1914) de uniformização crescente dos sistemas econômicos, sociais e políticos. No campo da filosofia observa-se, no ciclo mais curto (1870-1914), a disseminação mundial do positivismo que chegaria até o Brasil, no século XIX, como hoje aqui aportam as chamadas *cognitive sciences*, animadas pelo mesmo cientificismo do pensamento de Augusto Comte. Alguém se lembra de Tobias Barreto, o filósofo sergipano (1839-1889) que, sob a influência do positivismo, chegou a um monismo à la Haeckel? Haveria grande distância entre esse monismo evolucionário e aquele recolocado em circulação por algumas tendências do pensamento atual?

Ao contrário do sugerido pelo famoso filme *Matrix* (que, entre outras coisas, divulga mal as ideias "pós-modernas" de Baudrillard), aparentemente a aurora do século XXI não é necessariamente um salto para um futuro inimaginável, mas, como sugere Peter Burke, um retorno ao tempo de nossos avós ou bisavós. Estamos em pleno *fin de siècle*. Corremos mesmo o risco de trocar nosso espontâneo progressismo por uma espécie de saudosismo retrógrado: nossos avós e bisavós não viviam sob a permanente ameaça da belicosa *pax americana* imposta a ferro e a fogo pelo presidente Bush.

Encerrada a breve, mas indispensável, digressão, voltemos ao interessante livro de Rodolfo Llinás. No seu primeiro capítulo, o autor confessa sinceramente a ousadia de seu projeto: o de passar da fisiologia de uma única célula para o nível sistêmico da ação (ou da motricidade) e da representação em geral. Ignoremos o dogmatismo implícito em seu ponto de partida, que supõe apenas duas "metafísicas" possíveis como soluções para os problemas da *práxis* e da *nóesis*: ou dualismo ou monismo (ou Corinthians ou Palmeiras, como se não houvesse outros times no campeonato!). Esqueçamos, por um momento, a questão do monismo e de seu precursor sergipano. Insistamos, neste primeiro passo, no que há de irrecusável em sua empresa. Em primeiro lugar, não é necessário fazer a escolha especulativa do monismo, para reconhecer que mente e cérebro são eventos inseparáveis, como diz nosso autor. Que filósofo, por mais solipsista (ou espiritualista) que fosse, seria capaz de afirmar que sou capaz de pensar, mesmo depois da destruição física de meu cérebro? Em segundo lugar – o que é muito mais interessante –, o autor recusa o modelo puramente mecanicista ou reflexológico (*input – output*), insistindo na importância do "contexto" da ação e da cognição: algo como um "campo prévio" é posto como necessário à compreensão da interação entre o cérebro e os estímulos recebidos do mundo físico que o cerca.

Mas, logo a seguir, essa relação "sistêmica" (e, como veremos, "dinâmica") deixa transparecer um subsolo da proposta, talvez ignorado pelo autor. Digamos que seu ponto de partida pressupõe algo como uma *ipseidade larvar*, ou seja, uma referência a si mesmo presente no nível mais elementar do funcionamento neuronal: "Em poucas palavras, o cérebro é mais do que o litro e meio de matéria inerte que vemos ocasionalmente numa jarra numa poeirenta estante de um laboratório. Deveríamos pensar o cérebro como uma entidade viva, que engendra uma atividade elétrica bem-definida. Essa atividade poderia talvez ser descrita como tempestades elétricas 'autocontroladas', ou aquilo a que Charles Sherrington (1941, p. 225), um dos pioneiros das neurociências, refere-se como o *enchanted loom*" (seria a expressão *mágico tear*, pergunto-me cá entre nós, adequada para combater o aspecto "mágico-irracional" do espiritualismo?). E nosso autor encerra com a seguinte frase: "No contexto mais largo da rede neuronal, esta atividade é a mente" (p. 2). Notemos vários aspectos de tais proposições. Em primeiro lugar remete à neurologia da primeira metade do século XX, em particular a de um autor cuja perspectiva se aproxima, por seu "integracionismo", daquela de inspiração gestáltica de Gelb e de Goldstein (tão bem utilizada por filósofos pouco monistas como Merleau-Ponty e Cassirer) e que termina por aderir a alguma forma de *dualismo*. Sublinhemos ainda que, com sua definição do cérebro como "*living entity*", Rodolfo Llinás afasta qualquer forma de reducionismo brutalmente mecanicista, sem ter de aderir, em princípio, a algum misterioso "vitalismo"; bastaria um passo a mais para reencontrar a distinção fenomenológica entre *Leib* e *Körper*, sobretudo porque, logo a seguir, insistirá na importância da intencionalidade e da temporalidade na interface entre a mente e o corpo. Finalmente, lembremos a definição do cérebro como atividade "autocontrolada", que o insula, de alguma maneira, no mundo físico e lhe empresta alguma forma de originalidade: um *enchanted loom* ou um esboço de "ontologia regional"?

Mais reveladora todavia é a distinção que Rodolfo Llinás estabelece entre diferentes formas de atividade cerebral, que é a via para uma teoria global das relações entre cérebro e mente. Tal relação é descrita em pelo menos três níveis diferentes. Para além da primitiva relação simultaneamente prático-cognitiva (coço minhas costas ao sentir um prurido), o autor enumera três outras formas de atividade cerebral que ou impedem a emergência de estados mentais ou dão lugar a diferentes formas de consciência: a) o sono profundo (provocado pela ingestão de drogas ou por ataque epilético, por exemplo, que excluem qualquer forma de consciência); b) o sonho, que admite "estados cognitivos", mas sem relação com a realidade exterior; e c) os "sonhos lúcidos", em que o sonhador está consciente de que está sonhando e que tangenciam o puro pensamento.

O curioso é que, nesse segundo passo de seu capítulo introdutório – depois de expor sua versão criptofenomenológica da intencionalidade larvar do sistema neuronal –, Llinás começa a apresentar, com as distinções de nível apresentadas, uma teoria criptokantiana dos níveis sucessivos da intuição sensível, da imaginação transcendental *produtiva* e do próprio entendimento, como faculdade de delimitação do possível, livre da pressão do mundo dado. Esse caminho é percorrido em seus três níveis na seguinte frase: "A mente é codimensional com o cérebro; ela ocupa todos os seus recessos e todas as suas fissuras. Mas, como uma tempestade elétrica, a mente não representa em qualquer momento todas tempestades possíveis, mas apenas as isomórficas ao [...] *estado do mundo ambiente local, tal como o observamos* quando estamos despertos. Ao sonhar estamos liberados da tirania do *input* sensorial e o sistema engendra tempestades intrínsecas que criam 'mundos possíveis', talvez exatamente como quando pensamos" (p. 2). Tudo se passa como se houvesse uma inversão da boa ordem regressiva da *Crítica da razão pura*: só é possível definir o estatuto do sujeito "deduzindo-o", no nível dos fatos da ciência da natureza, da reflexividade originária (*phüsei*) do neurônio ou do sistema neuronal. Tal procedimento permitirá, em especial, no coração do livro, ou no seu sexto capítulo, algo como uma dedução biológica do que Kant chamava de "apercepção transcendental".

Uma outra forma de "criptokantismo" foi localizada na obra de Daniel Dennett, pelos organizadores da obra *Naturalizing Phenomenology*, no longo prefácio com que abrem essa obra coletiva (os editores e redatores do prefácio são Jean Petitot, Francisco J. Varela, Bernard Pachoud e Jean Michel Roy, e o livro foi editado pela Stanford University Press, Califórnia, 1999): trata-se do uso feito, pelo filósofo norte-americano, da ideia de intencionalidade. A complexidade do sistema cognitivo de regras exigiria postular dois níveis de "predição", mais abstratos que a simples explicação biofísica. Um seria formulado nos termos de sistema organizacional, e o outro corresponderia à instância intencional implícita na *"folkspsychology"*. Nesta última instância o processo mental é visado de maneira não objetivista, que guarda, todavia, um valor pelo menos heurístico. Os autores observam: "Essa estratégia faz lembrar surpreendentemente a atitude adotada por Kant na segunda parte de sua *Crítica da faculdade de julgar* em face do velho problema do vitalismo na explicação dos organismos biológicos. Embora veja no mecanicismo a única forma adequada de uma genuína explicação das entidades naturais, Kant considera que tanto a limitação de nosso entendimento quanto a complexidade dos organismos vivos fazem necessário que nos apoiemos, em biologia, num conjunto adicional de conceitos específicos, tais como a 'finalidade interna'. Daí uma dualidade de *máximas do juízo*, a mecânica e a finalista [...] De modo similar, poderíamos dizer que as três 'instâncias' distinguidas por Dennett, a 'instância física', a 'instância do *design*' e a 'instância intencional', funcionam como três máximas da razão. Embora a instância física seja a única dotada de valor objetivo, tanto a funcional como a intencional são tornadas necessárias pela complexidade dos fenômenos observados" (p. 65-66).

Em princípio, tal recurso às ciências da natureza não se choca necessariamente com o espírito da filosofia crítica ou da fenomenologia. Lembremos, mais uma vez, o uso, por Merleau-Ponty e por Cassirer, dos dados neurológicos de Gelb e Goldstein: o segundo chegou a acompanhar de perto esses estudos sobre a patologia cerebral e seus efeitos patológicos (afasias, apraxias, etc.). Mais do que isso, Cassirer lançou mão desses dados em sua reconstrução da Crítica da Razão, falando em algo como uma "história natural" da faculdade de julgar, indispensável à dedução transcendental. Ele aí percorre a ponte que liga o sujeito pensante à biologia do cérebro, mas o faz na direção inversa de muitos teóricos contemporâneos da cognição, que tentam "naturalizar" a fenomenologia. Não há lugar, aqui, para a discussão dessa possibilidade: a possibilidade de guardar a riqueza da fenomenologia, dando-lhe bases puramente naturalistas, ao arrepio da mais funda intenção teórica de Husserl. Nosso tema é antes o de uma falácia crucial que se encontra na base do belo livro de Rodolfo Llinás e faz abortar, na raiz, seu projeto de caminhar, sem descontinuar, *From Neurons to Self*.

De que falácia falamos? Onde o "naturalismo" de nosso autor rompe os limites do *pensável*? Nas páginas 4 e 5 de seu livro, Llinás desenvolve um argumento que nos parece rigorosamente insustentável. Ele aí tenta explicar a razão do aspecto "misterioso" da consciência. Como para Searle, para ele também a vida mental é mais misteriosa do que a vida animal ou do que a própria existência do mundo físico. Deixemos de lado argumentos tentadores como o seguinte: por que seria o funcionamento elétrico dos neurônios menos estranho do que os atos de percepção, imaginação, pensamento, etc.? Não seriam apenas o senso comum ou a *folkspsychology* que poderiam levantar essa questão, que negligenciaremos nesta ocasião. O que nos importa, aqui, é a razão invocada pelo autor para explicar o aspecto misterioso da consciência. A explicação é simples, Llinás a encontra quase pronta numa *lecture* de Stephen J. Gould, dos anos 1990, sob o título "Unity of Organic Design: from Goethe and Geoffrey Chaucer to Homology of Homeotic Complexes in Arthropods and vertebrates", em que é lembrada a hipótese evolucionária segundo a qual somos crustáceos que foram virados ao avesso, isto é, que trocaram o exoesqueleto pelo endoesqueleto. Os crustáceos, encerrados em seu exoesqueleto, não podem ter acesso imediato à geração de seus próprios movimentos. Com nossa estrutura endoesquelética, temos acesso imediato à geração de nossos movimentos, que nos são transparentemente familiares: desde o nascimento temos consciência de nossos músculos e de suas funções. *Mas nosso cérebro está encerrado dentro do exoesqueleto craniano, que nos proíbe acesso imediato ou familiaridade com os processos neuronais e sua conexão com seus aspectos mentais*. Como diz o autor: "Se pudéssemos observar ou sentir o cérebro trabalhando, seria imediatamente óbvio que a função neuronal está ligada a como vemos, interpretamos e reagimos, como os músculos estão ligados aos movimentos que fazemos" (p. 4).

Essa ideia é fortemente problemática. Não era sem razão que Wittgenstein apontava a irredutibilidade da *gramática* da psicologia à da análise do funcionamento do cérebro, sem com isso implicar qualquer forma de dualismo ontológico. Com efeito, que podemos imaginar – ou pensar – que ocorreria se, sem o exoesqueleto craniano, tivéssemos acesso imediato aos processos neuronais? No máximo que teríamos acesso *na primeira pessoa do singular* ou consciência imediata intencional de *novos processos físicos* entre os demais. Processos físicos é dizer demais – teríamos percepção de coisas ou de eventos cerebrais, como de árvores ou de coelhos. Teríamos uma percepção que precede a objetivação operada pelo pensamento científico e que *dissolve* literalmente tais coisas e tais eventos. A árvore que vejo é bem diferente daquela pensada pelo físico ou pelo botânico (entre outros, Jacob Von Uexküll o diria, com sua teoria do *Umwelt* ou mundo ambiente, tão diverso para diferentes animais, quão diferentes são os mundos percebidos pelo lenhador e pelo engenheiro). Mais ainda, sabemos que a inspeção objetivo-científica dos processos neuronais do *input* luminoso através, por exemplo, dos olhos da saúva (*Atta sexdens rubropilosa*) não nos permite inferir que ela está *vendo* um objeto ou uma forma colorida ou a que distância isso ocorre. No entanto, em situação de laboratório, num labirinto, podemos ver que a saúva reage a uma mudança cromática no seu percurso a uma distância de dois centímetros e meio, aproximadamente. Só o *comportamento* da formiga que para, hesita e acaba por voltar para trás permite-nos dizer que ela realmente *percebeu* a mudança (devo esse argumento a minha esposa, Lúcia Prado, que nos anos 1970 defendeu uma tese de *Doctorat d'État*, na Universidade de Paris, sobre o problema da orientação das saúvas). A visão do processo neuronal subjacente não nos permite *sair* de nossa visão e a ela retornar causalmente a partir dele. Não se trata aqui de retornar ao criptokantismo de Dennett: tal hiato aparentemente nada tem a ver com nossas limitações cognitivas (de resto, de sua parte, o próprio Llinás não vê na ideia de intencionalidade apenas uma instância heurística, jamais objetivável por nossas limitações cognitivas, ou uma ideia apenas *reguladora*, que jamais poderia assumir função *constitutiva*).

Nossas observações críticas convergem, aqui, com outras já formuladas, a partir de horizontes filosóficos muito diferentes. De um ponto de vista puramente epistemológico, Sir Karl Popper parece não se enganar, ao propor três níveis que jamais podemos confundir: o mundo da realidade física, o do pensamento humano e o dos conteúdos de pensamento objetivados na linguagem (sem dar a este último o estatuto realista-platônico que Frege atribuía ao seu *dritte Reich*). Naturalizar a mente é fazer das teorias científicas *fatos naturais* que podem ocorrer ou não ocorrer, mas que, por definição, não podem ser verdadeiros ou falsos.[1] Para Popper, o *Self* não é uma marionete do cérebro, talvez mesmo o caso seja o contrário. Não há dúvida de que atos mentais têm correlatos cerebrais. Se eu enunciar quaisquer proposições (por exemplo: $2 + 2 = 4$; $2 + 2 = 1.000$; dois mais dois esbórnia amarelo-x-girafa), sempre hão de lhes corresponder processos neuronais. Mas poderia haver processos neuronais verdadeiros, falsos ou absurdos? Se os houvesse, eu poderia tropeçar num conteúdo proposicional como tropeçamos num paralelepípedo, se é que seguindo o argumento do autor já não tropeçamos (agora em sentido apenas metafórico) em proposições falsas ou absurdas. O fato é que Rodolfo Llinás deixa pouco espaço para a linguagem em sentido estrito – a linguagem "humana" ou o *lógos* de que cuidam a lógica e a filosofia, jamais as ciências naturais – e dá à palavra *"meaning"* um sentido originalmente biológico: a comunicação entre as células. O que nos obriga a lembrar os belíssimos versos do poeta espanhol Rafael Alberti, que, nesse contexto, assumem um sentido diferente do que tinham no poema original, intitulado "Nocturno":

las palabras entonces no sirven son palabras
… … … … … … … … … … … … … …
Siento esta noche heridas de muerte las palabras

---

[1] Cf. *Mente, cérebro, cognição*, de João de Fernandes Teixeira (Petrópolis: Vozes, 2000), em que o autor comenta o texto de Popper e Eccles *The Self and Its Brain*.

Mas mais interessantes e próximos de nossa perspectiva são os escritos de meus colegas Jean-Luc Petit e Renaud Barbaras, que partem ambos da fenomenologia, mesmo se encaminham suas pesquisas em direções diferentes, o primeiro privilegiando a análise da ação, o segundo, a análise do desejo e do movimento. Renaud Barbaras, na linha aberta por Merleau-Ponty, passa da ideia de corpo-próprio (ou de corpo vivido) à sua base na vida perceptiva, encontrando no ser vivo um caminho para superar a oposição metafísica entre o idealismo e o naturalismo: ou na direção de uma nova ideia de natureza que pode acolher, sem conflito, a ideia de subjetividade ou de ipseidade como algo mais que um mero epifenômeno.[2] Jean-Luc Petit propõe, de sua parte, uma fenomenologia da ação, capaz de incorporar as descobertas e os modelos produzidos pelas *cognitive sciences*. Em lugar de naturalizar a fenomenologia, dar o necessário horizonte fenomenológico a teorias (como a proposta, em especial, por Rodolfo Llinás) das formas mais primitivas da intencionalidade. Este último escreve em seu *From Neuron to Self*: "Subjacente ao trabalho da percepção está a predição, isto é, a útil antecipação de eventos futuros. Predição, com sua essencial orientação para fins, tão diferente do reflexo, é o verdadeiro coração da função cerebral" (p. 3). Paralelamente, mas de maneira mais fina filosoficamente, Jean-Luc Petit escreve na introdução do livro *Les neurosciences et la philosophie de l'action* (Paris: Vrin, 1997, p. 17-18): "Essa capacidade que tem o organismo de se projetar na dimensão do possível e do virtual, sem jamais aderir ao ser que ele é – que ele é, é verdade, unicamente do ponto de vista objetivo e exterior – esse modo de ser adiante de si é de tal modo característico do ser vivo, em particular do agente humano, que parece ter-se tornado tema privilegiado da pesquisa empírica".

O curioso é que a leitura do livro de Llinás pode obrigar o leitor a chegar a conclusões exatamente contrárias àquelas por ele inferidas. Vejamos a frase final do capítulo 6: "As implicações do esquema proposto são de alguma importância, pois se a consciência é produto da atividade talâmica cortical, como parece ser, é o diálogo entre o

---

[2] Cf., no já citado *Naturalizing Phenomenology*, o ensaio "The Movement of the Living as the Originary Foundation of Perceptual Intentionality", p. 525-538.

tálamo e o córtex que engendra a subjetividade nos seres humanos e nos mais elevados vertebrados". Essa frase, por exemplo, seria um eco de tal diálogo. Mas será ela verdadeira, falsa ou absurda? Uma proposição "p" explica por que há um estado-de-coisas *p*, mas só ela pode ser verdadeira ou falsa. Da mesma maneira, a percepção (mediante processos complexos, ou técnicas impregnadas de teoria) dos processos neuronais subjacentes à percepção poderá ser só ela (e não os processos subjacentes que tais técnicas revelam) verdadeira ou falsa. De qualquer maneira, *é preciso que alguém perceba* as conexões entre a percepção e seu substrato. (Não posso resistir, aqui, a uma ficção humorística – sem pretensão argumentativa – inspirada numa página de meu colega João de Fernandes Teixeira, em seu livro acima citado. Imaginemos dois irmãos xifópagos, unidos apenas pelo cérebro. Pedro e Paulo dormem, mas o cotovelo de Pedro machuca o tórax de Paulo. Como reagiria o último? Dizendo "tira o *seu* cotovelo daí!" ou "tira o *meu* cotovelo daí!"?) Ou, retomando nosso argumento, serão os neurônios, eles próprios, que, através dos estados secundários de consciência (do *Self*), percebem a si mesmos e enunciam proposições não só significativas como também verdadeiras, a respeito de seu próprio funcionamento? A arqueologia neuronal da ipseidade desfez finalmente o mistério da consciência, mas pagando um preço elevadíssimo: transformando o materialismo reducionista num *idealismo absoluto*. Em lugar de evitar, como propõe Renaud Barbaras, a falsa alternativa entre naturalismo e idealismo, temos aqui uma metafísica naturalista e objetivista que se transforma subitamente no seu contrário, como uma cobra que se devora a si mesma pelo próprio rabo. Pois, se Rodolfo Llinás tem razão, contornado o "mistério da consciência", a ciência cognitiva é a verdade absoluta do mundo material tornado finalmente transparente para si mesmo. Mesmo Narciso, nos versos de Ovídio, era mais sutil, descobrindo que "*Iste ego sum! Sensi; nec me mea fallit imago*". E Hegel, pelo menos, era mais complexo e postulava mais "mediações". Valeria a pena "deduzir" biologicamente a reflexividade e a ipseidade do sujeito se elas já estão presentes *in the heart of matter* que se pensa a si mesma como o *Nous Theos*, o Ato Puro de Aristóteles que *non curat sublunaria* só pensa a si mesmo, pensamento do pensamento? O *Nous Theos* (em que também culmina o idealismo de Hegel), cortado de qualquer *alteridade*, não pode, propriamente, receber o predicado da ipseidade – no máximo o da mesmidade de que escapa o próprio Narciso.

Meu raciocínio é aqui amparado por filósofos tão diferentes como Wittgenstein e Sartre. O primeiro, que afirma que os jogos de linguagem (ou nossos usos da linguagem) e as regras que os comandam têm certamente causas na história natural, mas que tais causas jamais poderiam dar as *razões* do funcionamento desses jogos. O segundo, ao dizer que certamente o ser-para-si teve origem, mas que as hipóteses metafísicas sobre essa origem não podem ocupar o lugar da *ontologia* ou da descrição do modo-de-ser do ser-para-si. Sem esquecer a obra do formidável linguista Émile Benveniste, que insiste no caráter crucial dos pronomes pessoais ("eu" e "tu", não a terceira pessoa, que não é exatamente um *pronome pessoal*), sem os quais o homem não pode *entrar* na linguagem e *suportá-la*, *carregá-la* como uma totalidade. Ele fala da linguagem natural, é claro – do *discurso* –, e não necessariamente da linguagem científica; mas como imaginar a linguagem científica (mesmo a matemática) completamente desenraizada de nossa linguagem "natural"? Os limites *lógicos* da formalização são arquiconhecidos e dispensam argumentação suplementar.

Para concluir, que nos diz Rodolfo Llinás? No fundo, conta-nos uma nova versão do *Gênesis*, em que no princípio não estava o verbo, mas, como já dizia Goethe, na *ação*. Começamos assim um pouco mais tarde que o Velho Testamento, com a frase *Fiat lux, e a luz foi feita*. Na obscuridade da massa cinzenta encerrada pelo exoesqueleto do crânio fulguram tempestades elétricas que o transcendem e iluminam a totalidade do Cosmo. Temos aí uma explicação científica não só da gênese da consciência, mas também *da estrutura da própria ciência*. Tudo se passa no nível dos fatos e não há o essencial hiato kantiano entre a questão *quid facti?* e a questão *quid juris?*. No entanto, não era a solução transcendental mais razoável – embora chocante para o senso comum, mas apenas para ele, que não é bom juiz na matéria? A distinção entre o sujeito transcendental e o sujeito empírico permitia conciliar a síntese da apercepção pura – alma do idealismo crítico – com o *realismo empírico*, sem qualquer prejuízo para a inegável autonomia do conhecimento científico do mundo exterior. Era já quase uma perspectiva de superação da alternativa naturalismo/idealismo. Será preciso operar mais um retorno a Kant? Em todo caso, nesta aurora do século XXI, estamos mesmo em plena segunda metade do século XIX. A esperança é que surjam, novamente, pensadores da estatura de um Frege, de um Husserl, de um Bergson.

Mas é difícil imaginá-lo, hoje, num império dominado por figuras rústicas como Bush, Schwarzenegger, Charlton Heston (antecipados no século passado por Ronald Reagan). O mundo atual nada tem a ver com o filme *Matrix*, que desfaz sua concretude no fluido impalpável do virtual – se parece antes com *A rosa púrpura do Cairo*, em que o bom mocinho abandona o mundo imaginário projetado na tela para circular, com seu bom coração e seu chapéu branco, entre os espectadores no mundo real. Mas de modo diferente: são os duros *cowboys* do cinema que saltam da tela, de arma em punho, para impor o seu domínio sobre todo o planeta.

Capítulo segundo
Alguns equívocos: K.-O. Apel, Tugendhat, Searle e Ricœur

[nada foi escrito]

Capítulo terceiro
Sartre e o problema da ipseidade

1 Uma boa compreensão do tema do "circuito da ipseidade", como de qualquer outro tema visado em *O ser e o nada*, exige algo mais do que a análise de sua exposição tópica, como é feita no V° item do primeiro capítulo da segunda parte do livro. Qualquer um de seus temas, considerados em sua autonomia relativa, não mostra com clareza seu perfil, se não atentarmos para o andamento metódico do livro, em particular para a dialética que une, num único movimento circular, fenomenologia, ontologia e metafísica nessa obra que traz o subtítulo "Ensaio de ontologia fenomenológica".

Para mostrá-lo (sobretudo para poder indicar, a seguir, o lugar pouco assinalado da dimensão específica da "metafísica" na economia do livro), apoiemo-nos no ensaio de Alain Flajoliet, "Ipséité et temporalité", recentemente publicado em *Sartre, désir et liberté*, livro coordenado por Renaud Barbaras.[3] Que nos seja permitida, para melhor *entrée en matière*, uma longa citação da abertura desse ensaio, que nos colocará imediatamente no coração de nosso assunto. Os quatro parágrafos com que se abre o ensaio são os seguintes: "A ontologia fenomenológica de *O ser e o nada* se desdobra em diferentes níveis existenciais sucessivos, cujo primeiro, que ocupa os capítulos um e dois da segunda parte, poderia chamar-se: a ipseidade como temporalização ek-stática. Esse nível é compreendido e elucidado num movimento complexo em três tempos. É esse movimento que nós nos propomos seguir. // Em primeiro lugar, a *ontologia*

---

[3] Paris: P.U.F. 2005. p. 59-84. (Débats Philosophiques).

fenomenológica fixa o sentido do ser-para-si como ipseidade, isto é, como existente que falta (ou carece) de... para... *Aliis verbis*, como modificação da presença (junto a) si[4] fáctico que 'somos' com vistas a um possível si-mesmo-na-forma-do-em-si que não podemos ser, sob os auspícios de um valor sempre buscado, mas jamais atingido. // Em segundo lugar, a *fenomenologia* ontológica da temporalidade que descreve sucessivamente as três dimensões temporais da ipseidade: futurização, presentificação, passadificação. Passagem da ontologia à fenomenologia. // Em terceiro lugar, a *ontologia fenomenológica* da temporalidade revela o ser das três dimensões temporais e a dinâmica que traz à luz o surgimento do novo presente futurizante, deixando atrás de si o antigo presente passadificado. Retorno à ontologia pela fenomenologia".[5]

Subscrevemos integralmente essa descrição dos três tempos da circunscrição da ipseidade. O que nos interessa é mostrar como ela exige, para sua completa compreensão, sua situação num movimento que leva da introdução de *O ser e o nada* à sua conclusão. Como se a microestrutura do entrelace entre os três níveis acima descritos remetesse necessariamente à macroestrutura (o livro na sua totalidade) que entrelaça os níveis sucessivos de 1) pré-compreensão do ser, 2) a *ontologia fenomenológica* que se extrai dessa pré-compreensão e 3) a metafísica que culmina e limita essa ontologia (deixando de lado a moral que anuncia e que jamais seria integralmente construída). Para bem compreender essa articulação entre micro e macroestrutura, talvez seja útil contrapor a *O ser e o nada* o breve e precoce ensaio escrito aparentemente entre 1933-1934, mas publicado apenas em 1947 em *Situações I* sob o título de "Une idée fondamentale de la phénoménologie de Husserl: l'intentionnalité". Do pequeno ensaio ao volumoso livro, nós passamos de uma exposição sumária da fenomenologia husserliana, que evita qualquer distanciamento em relação à obra do Mestre a uma reformulação da própria ideia

---

[4] A expressão sartreana é *"présence (à)soi"*. Desde minha tese sobre Bergson, decidi traduzi-la dessa maneira, por exigências da estrutura de nossa língua, como justifico naquele livro.

[5] FLAJOLIET. *Ipseité et temporalité*, p. 59-60.

de fenomenologia que denuncia os limites do que seria o idealismo husserliano: uma reelaboração da fenomenologia que lança mão, de maneira livre ou nada servil, da ontologia de Heidegger. Esse distanciamento da ortodoxia fenomenológica, percorrida, com a maior minúcia, em *O ser e o nada*, é retomada e reexposta de maneira esquemática numa comunicação feita em 2 de julho de 1947 na Société Française de Philosophie. Nessa conferência podemos ver como Sartre define sua posição, fixada em *O ser e o nada*, como que *entre* Husserl e Heidegger, de maneira a evitar as aporias implicadas nessas duas empresas filosóficas. Sartre aí declara: "É necessário operar uma síntese da consciência contemplativa de Husserl, que nos conduz só à contemplação das essências, com a atividade do projeto dialético, mas sem consciência, e por conseguinte sem fundamento, que encontramos em Heidegger, onde vemos, ao contrário, que o elemento primeiro é a transcendência".[1]

Numa palavra, uma filosofia da consciência que não culmina em idealismo (e que põe o *eu* como transcendente, como afirmado desde antes de *O ser e o nada*, no final da década de 1930) e que dá lugar à "transfenomenalidade" do Ser, mesmo se reconhece a fenomenalidade do próprio Ser, porque visa essencialmente, através dessa fenomenalidade, o *Ser* do fenômeno. Retenhamos, de início, o afastamento em relação a Husserl. Embora de maneira original, Sartre não deixa de acompanhar um movimento coletivo que imantou vários discípulos de Husserl. Um impacto essencial desse movimento é bem descrito na conclusão da *Crítica da razão na fenomenologia*, de Carlos Alberto Ribeiro de Moura.[2] Não são poucos os que imediatamente reconheceriam, como Merleau-Ponty faria mais tarde, exprimindo o essencial do problema, que *a maior lição da redução transcendental é a sua impossibilidade*... Nas palavras de Carlos Alberto: "A redução transcendental não teria por resultado e consequência a supressão pura e simples do próprio sentido de qualquer pergunta pela possibilidade do conhecimento? Ao colocar 'fora de jogo' a subjetividade

---

[1] Cf. SARTRE, Jean-Paul. Conscience de soi et connaissance de soi. *Bulletin de la Société Française de Philosophie*, v. XLII, n. 3, p. 49-91, 1948.

[2] São Paulo: Edusp; Nova Stella, 1989.

mundana, a redução parece fazer desaparecer o único território onde a questão do conhecimento poderia instalar-se".[3] Mas – e aí acentuamos um aspecto diferente do visado por Carlos Alberto – uma nova versão da fenomenologia se afasta, com Heidegger e Sartre (mas também com Merleau-Ponty), da questão da fundamentação do conhecimento científico, deixando de lado questões puramente epistemológicas. Na verdade, é a própria noção de *ontologia* (desde Husserl essencialmente ligada à essência da operação fenomenológica) que muda de sentido. A ênfase na dimensão crítica ou do fundamento leva Husserl a uma concepção da fenomenologia que a limita a dois níveis: o da ontologia formal e o das ontologias materiais. A primeira lembra o velho ideal da *Mathesis Universalis* ou o mais recente de uma teoria do "objeto qualquer" implementado pelo novo formalismo das matemáticas e da lógica, enquanto as segundas visam o campo *a priori* que define o objeto das ciências particulares: matéria, vida, psiquê, espírito, etc.[4]

Com Heidegger e sua ideia de uma "ontologia fundamental", a paisagem é completamente modificada. Ao contrário da ortodoxia, a analítica do *Dasein* não é uma ontologia regional e nada tem a ver com a fundamentação da antropologia, das *Geisteswissenschaften* ou das ciências humanas em geral. Tal não poderia deixar de aparecer a Husserl como grave desvio de seu projeto, que não podia ver na obra de seu discípulo senão uma nova e lamentável queda no antropologismo, mesmo se a analítica do *Dasein* parte de e visa o "sentido do Ser", ignorando completamente a questão da objetivação ou do conhecimento dos entes. Seguindo Heidegger, nesse passo, Sartre não deixa de marcar, desde início, sua "heresia" em relação a *Sein*

---

[3] MOURA. *Crítica da razão na fenomenologia*, p. 221.

[4] Para ser mais exato, é indispensável marcar que a distinção entre uma *gramática pura das significações* precede a e distingue-se da ontologia (seja formal, seja material) e isto ao longo de toda obra de Husserl, desde as *Investigações lógicas* até *Lógica formal e lógica transcendental*. Há que distinguir dois níveis: a) "a gramática pura das significações" e b) as ontologias formal (o domínio das significações) e material (o domínio das essências). Renaud Barbaras, ao fazer essa distinção elementar de níveis, acrescenta: "Encontraremos então a diferença entre lógica no sentido pregnante e ontologia no sentido estrito" (cf. BARBARAS, Renaud. *Introduction à la philosophie de Husserl*. Paris: Les Editions de la Transparence, 2004. p. 39).

und Zeit. Acompanhando-o ao não fazer do conhecimento a relação privilegiada do homem com o mundo, e mesmo distinguindo consciência e conhecimento de si (ou seja, estabelecendo a prioridade do *cogito* pré-reflexivo em relação ao *cogito* reflexivo), Sartre não deixa de ligar essencialmente a "compreensão do Ser", mesmo em sua forma pré-reflexiva, à ideia de consciência, à contrapelo do "quase-behaviorismo" de Heidegger (aqui, obviamente, estamos "forçando a mão" ao falar de "quase behaviorismo"; a despeito de seu anticartesianismo, Heidegger jamais chegou perto de um Ryle – que, no entanto, quando jovem, chegou a ler com entusiasmo *Sein und Zeit* – e fazia do *Selbstsein* uma dimensão estrutural do *Dasein*). Com Sartre, as questões das metafísicas especiais (1) – quem sou eu? – a natureza da alma; 2) – quem é Deus? – a natureza do Absoluto; 3) – que é o mundo? – como se constitui a totalidade dos objetos) devem ser substituídas por uma única questão. Uma única questão que pergunta simultaneamente: *que* (não *quem*, já que a questão da pessoalidade é secundária, como veremos a seguir), *que sou eu? Que é o Ser?* A espontânea inquietação metafísica, que precede a filosofia (a *ontologia fenomenológica*) e que a torna necessária, deve chegar a se exprimir no cruzamento dessas perguntas de raiz única, a começar pela pergunta crucial *que é o ser-para-si?*, indissociável de outra: *que é o ser-em-si?* Perguntas que, uma vez respondidas, darão lugar a novas perguntas: a pergunta *metafísica* que dá o limite da *ontologia fenomenológica* e abre espaço para uma heurística da unificação dos dois modos de ser e a pergunta – deixada para o futuro – pelo fundamento da Moral.

Com essa introdução esquemática talvez já possamos refletir sobre as inovações sartrianas nos estatutos atribuídos respectivamente à fenomenologia, à ontologia e à metafísica. O que interessa sublinhar *ab initio* é a circularidade que une esses três níveis sucessivos da interrogação filosófica e que serve de pano de fundo ao exame da circularidade da ipseidade. É o que está posto desde a introdução de *O ser e o nada*. Repitamos, a despeito do privilégio incontestável do *cogito* (pré-reflexivo ou reflexivo) na filosofia de Sartre, o andamento de sua filosofia opõe-se radicalmente ao da de Descartes (mesmo reconhecendo, nesta última, a complexidade do método em suas duas dimensões: a analítica e a sintética; com efeito, algo como um andamento também circular parece evidenciar-se na terceira Meditação, com o *looping* que, com a primeira demonstração da existência de Deus, leva-nos do *cogito* insulado pelo gênio maligno ao entendimento infinito, permitindo-nos retornar a um *cogito* doravante livre do gênio maligno que disporá, na seguinte Meditação, de um critério universal de verdade; um movimento circular que levou comentadores pouco caridosos a denunciar uma *petitio principii* na própria base das *Meditações*). Com essa pequena ressalva, é preciso reconhecer que em *O ser e o nada* não há lugar para a dúvida e, desde o início, colocamo-nos contra os ou para além dos dualismos da tradição filosófica com o auxílio da fenomenologia. É o monismo do fenômeno que opomos desde início aos dualismos daquela tradição: interior-exterior, ser-aparecer, relativo-absoluto, potência-ato, etc. Todos esses dualismos são suprimidos ou reduzidos ao dualismo finito-infinito: em lugar da oposição entre fenômeno e coisa-em-si (ou para além da "ilusão dos transmundos", na expressão nietzschiana) temos apenas a oposição entre a finitude de uma aparição singular (uma "*Abschattung*") e a série infinita de aparições ou de perfis a que a primeira está ligada essencialmente. Nessa nova figura, os dois termos em pauta não entram em conflito e se conjugam, dando consistência a uma concepção da *objetividade* sem qualquer compromisso com uma metafísica *realista*. O monismo do fenômeno tornou perempta a oposição entre idealismo e realismo, já que o par finito-infinito não qualifica o Ser, mas suas formas de manifestação.

Mas esse monismo, levado a suas últimas consequências, não pode deixar de introduzir novidade na própria ideia de intencionalidade, cancelando o caráter *irreal* do *noema*. Ou seja, com ele, a ideia de intencionalidade é reconduzida à vizinhança da ideia heideggeriana da "pré-compreensão do Ser". Nas palavras de Sartre: "A aparição não é sustentada por nenhum existente diferente dela: ela tem seu *ser* próprio. O ser primeiro que encontramos em nossas pesquisas ontológicas é o ser da aparição. É ele próprio uma aparição? Parece, de início. O fenômeno é o que se manifesta e o ser se manifesta a todos de algum modo, já que podemos falar dele e já que dele temos uma certa compreensão. Assim deve haver um *fenômeno do ser*, uma aparição do ser, descritível como tal. O ser nos será revelado por algum modo de acesso imediato, o tédio, a náusea, etc..., e a ontologia será a descrição do fenômeno do ser tal como ele se manifesta, isto é, sem intermediário".[5] Eis aqui, logo no início de *O ser e o nada*, o esboço do horizonte mais largo dos três níveis da análise do circuito da ipseidade analisados por Alain Flajoliet: *fenomenologia* ontológica, *ontologia* fenomenológica e, finalmente, *ontologia fenomenológica*. Na segunda parte da introdução (p. 14-16) encontramos o entrecruzamento dos dois primeiros níveis – de que resulta o terceiro – sob o título "O fenômeno do ser e o ser do fenômeno". Tudo se passa como se o acesso imediato ao ser, vivido no tédio ou na angústia, essencialmente pré-teórico, esboçasse no essencial a estrutura da operação teórica da *fundação* (porque aqui, como em Husserl, a descrição conduz, por si mesma, à fundação última, mesmo se esta se dá à luz da contingência do ser – decididamente estamos muito longe do princípio de razão suficiente). Já aqui, no pórtico do livro, está fixada a dialética entre ontologia e fenomenologia que há de ser mil vezes reiterada, refinada e precisada ao longo de mais de 700 páginas. É essa dialética entre o fenômeno do ser e o ser do fenômeno que permite a Sartre transcender a ortodoxia fenomenológica. O que teria escapado ao mestre Husserl? Seria a evidência, que se dá desde a consciência pré-teórica, de que o *ser* do fenômeno transcende de alguma maneira o *fenômeno* do ser. Noutras palavras, a evidência do reconhecimento espontâneo – a despeito do "monismo do fenômeno" – de que há algo como um ser *transfenomenal*, desde que se reconheça que essa expressão não tem nenhum parentesco como o *noumenal* kantiano ou com uma inacessível coisa-em-si.

Permitamo-nos reiterar: nessa introdução, Sartre apoia-se em Husserl e em Heidegger para melhor distinguir-se deles. O que se recusa na solução husserliana é ela limitar-se a assegurar a passagem do fenômeno singular ao domínio da essência universal. O que se recusa na solução heideggeriana é o modo como assegura a passagem

---

[5] SARTRE. *L'être et le néant*, p. 14.

do fenômeno ao Ser ou sua definição insuficiente do caráter ôntico-ontológico do *Dasein*. No texto já citado do *Bulletin de la Société Française de Philosophie*, "Conscience de soi et connaissance de soi", era claro um certo privilégio atribuído a Heidegger, por colocar no coração de seu pensamento a ideia de transcendência (entendida como o movimento de se lançar no tempo e para fora de si mesmo, que desenha um traço não linear entre as *ek-stasis* do futuro, do presente e do passado), mas sobretudo a ênfase, nas entrelinhas, na circularidade da dimensão *ôntico-ontológica* do *Dasein*. Dimensão essa que transparece já na ideia de uma *compreensão pré-ontológica do Ser* que implica a circularidade temporal (antecipação do futuro no presente ou mesmo no *passado* do pensamento). Forma ou andamento que se exprime, na circularidade de *O ser e o nada*, na introdução que nos coloca de imediato – sem qualquer neutralização da "atitude natural" ou sem qualquer dúvida metódico-metafísica – em contato om o Ser ou suas formas, que deverão ser percorridas analítico-descritivamente ao longo do livro. Com efeito, para Heidegger, o *Dasein*, mesmo alienado no mundo da cotidianidade ou da inautenticidade (isto é, no reino do *Das Man*), é habitado pela pré-compreensão do sentido do Ser, mesmo se ela é ocultada como na *má-fé* sartriana. E é o esclarecimento ou desvendamento dessa pré-compreensão que permite estabelecer a ontologia fundamental no movimento desenhado pelo *círculo hermenêutico*. Círculo, sublinha Heidegger, que nada tem de vicioso: pelo contrário, trata-se de um círculo *virtuoso* em que, longe de *sair*, devemos *entrar* para encontrar o que é digno de ser pensado. Tal circularidade transparece no próprio desenho da estrutura de *Sein und Zeit*, que jamais chegou à sua redação completa. No programa original, com que se abre o livro, depois da parte "Ser e Tempo", deveria seguir-se uma outra parte, com o título "Tempo e Ser", num vaivém "dialético" (para utilizar a linguagem de Sartre no ensaio acima citado), muito semelhante ao que, em *O ser e o nada*, leva-nos da *ontologia* fenomenológica à ontologia *fenomenológica*, como etapas prévias indispensáveis para o acesso à plena *ontologia fenomenológica*. É claro que a "boa" circularidade do pensamento em busca do fundamento, presente nas empresas de Sartre e de Heidegger, não é descrita nos mesmos termos por ambos filósofos: o filósofo francês é, como dissemos, crítico em relação à *démarche* do pensador alemão. É o que se torna claro na diferença do vocabulário: Sartre escolhe a expressão "*pour-soi*" para exprimir o ser denominado *Dasein*. O autor de *O ser e o nada* não deixa de lançar mão da expressão "*être-là*", perfeitamente equivalente à expressão escolhida por Heidegger: digamos sua *tradução literal*.[6] Mas, com a expressão "*être-pour-soi*", inscreve a instância da consciência no *être-là* incorretamente ignorada, segundo ele, por Heidegger. Sublinhando a importância do andamento circular da ontologia fenomenológica de Sartre, podemos observar de passagem, deixando de lado por um instante nosso tema perfeitamente tópico, que não é de se estranhar que, 17 anos após a publicação de seu primeiro grande tratado, Sartre viesse, na *Crítica da razão dialética*, definir seu método, para dar fundamento ontológico fenomenológico à dialética marxista, como um *método progressivo-regressivo*.

Mas retornemos a nosso tópico central para tocar no que, nele, parece-nos essencial. Ou seja, parece-nos necessário sublinhar um momento do distanciamento de Sartre em face de Heidegger que, até agora, não foi suficientemente focalizado. Trata-se de mostrar a diferença de horizonte e de estrutura da fenomenologia da ipseidade num caso e no outro. Talvez uma maneira nova de encaminhar a questão seja examinar (mantendo-nos no nível *macro*) o destino do conceito de *metafísica*, que leva em direções diferentes os autores de *Ser e Tempo* e de *O ser e o nada*. A evolução do conceito de metafísica, na obra de Heidegger, é tortuosa, passando do positivo ao negativo, de uma expressão sinônima à de "Pensamento do Ser" até a oposição que culmina na sua definição como "Esquecimento do Ser".

---

[6] É curioso notar que, tanto em francês como em alemão, a ausência da distinção entre *ser* e *estar* está por detrás do uso das duas expressões equivalentes. *Dasein* e *être-là* significam originalmente "estar presente". A expressão heideggeriana "*In-der-Welt-sein*" (e seu correspondente "*être-dans-le-monde*") seria, creio, melhor traduzida, em português, por "Estar-no-mundo". E talvez fosse melhor do que traduzir, como na versão brasileira de *Ser e Tempo*, *Dasein* por "Presença", recorrer à palavra "Estância". Mais adiante retornaremos a essa questão. Aliás, na ocasião, será preciso transcender essas divergências específicas em certas escolhas linguísticas não direção da divergência mais profunda na *concepção* e no *uso* da linguagem.

De sua parte, Sartre, sem identificar ontologia e metafísica (pelo contrário), distingue-as em *O ser e o nada* como diferentes *disciplinas* do pensamento. E, para fazê-lo, parece retornar, ao menos em parte, a distinções estabelecidas por Kant (embora toda a retórica de seu tratado volte-se polemicamente contra a concepção "crítica" da filosofia que estaria por detrás da "filosofia alimentar", ou seja, da epistemologia positivista e neokantiana dominante na filosofia universitária francesa da primeira metade do século, contra a qual volta todas as suas metralhadoras). Sartre neokantiano? Não exageremos... Mas leiamos com cuidado como define o termo "metafísica" na conclusão de seu livro. O que queremos sugerir é que a sucessão, descrita por Alain Flajoliet, dos três níveis da ipseidade (da página 127 à página 196 do livro) repete em miniatura a sucessão dos três níveis percorridos pela obra em seu movimento global: 1) Introdução (exploração da pré-compreensão do Ser, da página 11 à página 37); 2) Ontologia fenomenológica e seus derivados, como "psicanálise existencial", etc. (isto é, o essencial do livro, da página 37 à página 710); 3) Metafísica (e a promessa jamais cumprida de uma teoria moral), da página 715 até a página 722.

Por que atribuir tanta importância a tão poucas páginas, ou seja, às primeiras 26 e às últimas 11 de um livro de 722 páginas? A curta extensão da introdução e da conclusão não impede que marquem os limites e determinem o *lugar* da ontologia fenomenológica. E é só na conclusão que nos é explicado o estatuto ambíguo da chamada "metafísica". É o que podemos mostrar saltando 700 páginas do livro, das páginas 14-15 da introdução, aqui comentadas brevemente, à página 715 da conclusão. Que nos seja permitida mais uma longa citação; na verdade *longuíssima* citação, exigida, no entanto, por nossa argumentação: "Nada permite afirmar, no plano ontológico, que a modificação do *em-si* pelo *para-si* tem, desde a origem e no seio do próprio *em-si*, como significação o projeto de ser causa de si. Ao contrário, a ontologia choca-se aqui contra uma profunda contradição, já que é pelo *para-si* que a possibilidade de um fundamento surge no mundo. Para o projeto de se fundar a *si-mesmo*, seria preciso que o *em-si* fosse originalmente presença junto a si, isto é, já fosse consciência. A ontologia limitar-se-á, portanto, a declarar que *tudo se passa como se* o *em-si*, no projeto de se fundar a si-mesmo, desse a si mesmo a modificação do *para-si*. Cabe à *metafísica* formar *hipóteses* que permitirão conceber esse processo como o acontecimento absoluto que coroa a aventura individual que é a existência do ser. É óbvio que essas hipóteses permanecerão hipóteses, já que não poderíamos esperar nem confirmação nem informação ulterior. O que dará *validade* a elas é apenas a possibilidade que elas darão para unificar os dados da ontologia. Essa unificação não deverá naturalmente constituir-se na perspectiva de um devir histórico, já que a temporalidade vem ao ser pelo *para-si*. Não haveria, portanto, nenhum sentido em perguntar o que era o ser *antes* da aparição do *para-si*. Mas a metafísica não deve menos tentar determinar a natureza e o sentido desse processo ante-histórico e origem de toda história que é a articulação da aventura individual (ou a existência do *em-si*) com o acontecimento absoluto (ou o surgimento do *para-si*). Em particular, é ao metafísico que cabe decidir se o movimento é ou não uma 'tentativa' do *em-si* para se fundar e quais são as relações do movimento como 'doença do ser' com o *para-si* como doença mais profunda e levada até a nadificação".[7]

Com essa citação, já o dissemos, saltamos 700 páginas do livro, uma vez que partimos essencialmente da segunda parte da introdução, que tratava nas páginas 14-17 da articulação entre o *fenômeno* do ser e o *ser* do fenômeno. O que é importante é a definição de metafísica que aparece apenas nestas páginas finais e que diverge radicalmente das definições que receberá sucessivamente na obra de Heidegger. Digamos que a metafísica guarda, na obra de Sartre, algo do duplo sentido (negativo-positivo) que recebera na filosofia kantiana. De um lado ela aparece como uma ciência impossível, que deve limitar-se ao nível de uma mera *heurística* que, sem carecer de sentido, jamais pode alçar-se ao nível da apoditicidade da ontologia fenomenológica; como a metafísica, para Kant, ultrapassando os limites do entendimento, transforma o desejo de teoria em mergulho na ilusão (mesmo se esta é *necessária*). Mas de seu lado plenamente

---

[7] Cf. SARTRE. *L'être et le néant*, p. 715.

positivo, algo na ontologia prefigura a metafísica que está fora de seu alcance. Não é, com efeito, verdade que a ontologia descreve a estrutura do *para-si* como paixão inútil, como desejo de reconciliar o irreconciliável: a síntese do *para-si* e do *em-si*, como *ser-em-si-para-si*. É claro que o caráter estrutural e apodítico da ontologia opõe-se ao caráter francamente *genético* e hipotético da metafísica, um pouco o caráter estrutural da *gramática* opõe-se ao caráter genético da *história natural* para Wittgenstein). Com a metafísica, não se trata mais de descrever modos de ser (como Kant descrevia, na primeira *Crítica*, as formas da *objetividade*), mas de delinear uma espécie de *história* ou de *explicação hipotética* da passagem do *em-si* ao *para-si*, como projeto do *em-si* de atingir a plenitude ontológica ou a beatitude do *ser-em-si-para-si*, numa palavra: a *gênese de Deus* (como Kant restabelecia, de algum modo, na terceira *Crítica*, o espaço que a primeira havia negado à *teleologia*).

Mas o caráter heurístico ou regulador (jamais apodítico ou constitutivo) da metafísica não lhe rouba toda forma de positividade. Como na *Crítica* kantiana, mesmo na primeira, as *Ideias* guardam sentido, mesmo se não fundam conhecimento objetivo. Quando mais não seja porque, no caso de Sartre, cabe-lhe a função de "unificar os dados da ontologia" (como à terceira *Crítica* também cabia a função de unificar, subsumindo-as de algum modo, as duas primeiras, que se opunham quase que como universos opostos e incompatíveis). Também para Sartre a metafísica introduz a instância do *ideal* para além da instância do real ou da objetividade. É essa revalorização parcial da metafísica que me impressionava em 1964, quando aproximava a "metafísica" de Sartre daquela que aparecia para mim, na ocasião, como a metafísica de seu arqui-inimigo: o Bergson de *A evolução criadora*. No penúltimo parágrafo[8] de minha tese de 1964, eu escrevia: "Mas não éramos nós mesmos que opúnhamos a empresa bergsoniana à empresa sartriana? Não dizíamos nós que, para além das semelhanças da genealogia do negativo a partir do *besoin* (*carência* ou *falta*), havia uma diferença fundamental entre uma filosofia

---

[8] Cf. PRADO JR., Bento. *Presença e campo transcendental, consciência e negatividade na filosofia de Bergson*. São Paulo: Edusp, 1989. p. 216-217.

que se nega a descrever o Ser antes do surgimento do *para-si* e uma filosofia que se entende como descrição de um mundo anterior à *práxis* humana (cap. IV°, parágrafo 6)? Caracterizamos, por outro lado (cap. III, parágrafo 13), esta oposição afirmando, na linguagem de Sartre, que para Bergson, a ontologia se prolonga necessariamente em metafísica, enquanto que para o autor de *O ser e o nada* há uma descontinuidade entre as duas perspectivas. Voltemos todavia ao problema. Como aparece para Sartre a passagem da ontologia á metafísica? Ela aparece, em primeiro lugar, como passagem do apodítico ao hipotético: enquanto a ontologia [que seja permitida a repetição, com o texto antigo, do dito anteriormente] descreve as estruturas das regiões do Ser, a metafísica há de formular hipóteses (e apenas hipóteses) para 'unificar os dados da ontologia'".[9] O que a metafísica pode dizer, das relações entre o *para-si* e o *Ser Total*, é que é *como se* o *em-si* tentasse fundar-se a si mesmo (tornando-se *ens causa sui*) através do *para-si*. A ontologia, por seu lado, afirma que a consciência é, *por sua estrutura ou essência*, projeto de autofundação.[10] A respeito desses dados, a metafísica, pensando o surgimento da negação, diz-nos: "Mas, precisamente porque nos colocamos do ponto de vista desse ideal (*ens causa sui*) para julgar o ser *real* que chamamos *ólon*, nós devemos constatar que o real é um esforço malogrado para atingir a dignidade da *causa de si*. Tudo se passa como se o mundo, o homem e o homem-no-mundo não chegassem a realizar senão um Deus malogrado. Tudo se passa, portanto, como se o *em-si* e o *para-si* se apresentassem um estado de desintegração em relação a uma síntese ideal".[11]

Era-nos impossível, em 1964, não notar como aqui a filosofia de Sartre nos reconduz à ideia de *finalização retrospectiva, tal como ela aparece em L'évolution créatrice*. O que não percebíamos na ocasião – que nos parecia uma curiosa coincidência no conteúdo do texto e *na sua forma de expressão* – é que se trata mais do que de uma simples

---

[9] Cf. SARTRE. *L'être et le néant*, p. 715.

[10] SARTRE. *L'être et le néant*, p. 714-715.

[11] SARTRE. *L'être et le néant*, p. 717.

coincidência (ou de um mecanismo da "memória involuntária", por parte de quem se iniciou na filosofia através de Bergson – fato que eu ignorava em 1964). Basta ler uma frase do texto de Bergson para perceber que, na sua retomada quase literal por Sartre, há quase que uma *citação*. Leiamos a frase de *L'évolution créatrice* guardando na memória o texto da página 717 de *O ser e o nada* que acabamos de citar: "Tudo se passa como se um ser indeciso e vago, que se poderá chamar como se preferir, *homem* ou *super-homem*, tivesse buscado realizar-se e somente tivesse conseguido fazê-lo abandonando, no meio do caminho, uma parte de si mesmo".[12]

Depois dessa esquemática exposição da macroestrutura triádica de *O ser e o nada*, ou dos três "degraus" de seu andamento (exploração da pré-compreensão, ontologia fenomenológica e metafísica), podemos finalmente mergulhar no item final (5º) do primeiro capítulo da segunda parte do grande livro, consagrada ao tema "*o eu e o circuito da ipseidade*".

2 O texto começa remetendo ao texto de *La transcendence de l'ego*, dando-o, por economia, como subentendido. De nossa parte, procederemos de maneira inversa: depois de percorrer "o eu e o circuito da ipseidade", voltaremos com detalhe ao texto dos anos 1930 para, em seguida, retomar a questão do *ser-si-mesmo* na obra de Sartre posterior a 1945. Por enquanto, limitemo-nos a esmiuçar as duas páginas e meia de *O ser e o nada*.

Aí começamos, sem detalhá-la, por dar como estabelecida a tese do texto anterior, segundo a qual o Ego não pertence ao domínio do *para-si*. Mas dá-la como estabelecida não significa deixar de fundamentá-la com novos argumentos. Com efeito, o breve texto de *O ser e o nada* dá um passo adiante: nada menos do que a *razão* da transcendência do Ego. O que é preciso entender é por que, sendo o polo unificador das "*Erlebnisse*" (isto é, das "*vivências*"), ele é necessariamente

---

[12] Cf. BERGSON, Henri. *L'évolution créatrice*. In: *Œuvres complètes*. Paris: P.U.F., 1975. p. 721.

da ordem do *em-si* e não do *para-si*. Na verdade, trata-se de levar adiante o antipsicologismo da fenomenologia, como se Husserl tivesse guardado algo da filosofia que combate, fazendo do Ego o elemento central da consciência transcendental. O modo de *ser-em-si* do Eu revela-se no que ela se mostra como *dado*, isto é, como algo que se mostra sempre parcialmente, que não é dotado de completa *transparência*. Sartre jamais reconhecerá algo como o inconsciente freudiano, essencialmente inacessível à consciência, um *em-si*, também, mas que se apresenta como *numênico*.[13] Mas, sem atribuir caráter numênico a esse Ego, não deixa de afirmar sua *transcendência*, já que ele jamais pode dar-se em transparência para a consciência, caso em que seria absorvido por ela. O Ego pode *furtar-se* à consciência – de outro modo o *para-si* não teria a *má-fé* como seu possível. De qualquer maneira o Ego parece *preceder* a consciência como os objetos do mundo: cadeiras, montanhas, coelhos, etc. Nas palavras de Sartre: "a consciência que tomo do Eu não o esgota jamais e não é tampouco ela que o faz vir à existência: ele se dá sempre como *tendo estado* aí antes dela – e ao mesmo tempo como possuindo profundidades que devem revelar-se pouco a pouco".[14]

Com essas afirmações, parece que topamos desde o início com uma aporia: como fazer do Ego um *ser-em-si*, sem lhe roubar a autorreferência que lhe parece essencial? Ou, do outro lado, como retirar do *para-si* a instância do Eu sem transformá-lo numa "pura e simples contemplação 'impessoal'"?[15] Noutras palavras, ao problema é o do fundamento da *pessoalidade*, que Sartre é obrigado a resolver sem cair em alguma forma de *personalismo*, que dá estatuto transcendental à interioridade ou à *intimidade*, essa sinistra invenção burguesa.[16]

---

[13] Como o diz claramente o próprio Freud em seu ensaio metapsicológico "O inconsciente", mesmo se o inventor da psicanálise acrescenta, quase formulando um paradoxo, que o númeno do sentido interno é, talvez, *menos inacessível* do que o do sentido externo.

[14] Cf. SARTRE. *L'être et le néant*, p. 147.

[15] SARTRE. *L'être et le néant*, p. 147.

[16] Cf., a propósito, o texto precoce sobre "Uma ideia fundamental de Husserl...". Ver, também, a demolição literária de qualquer forma de "personalismo" no conto "A intimidade". No primeiro texto encontramos já a frase: "Quando a consciência

A solução do impasse é um movimento de vaivém entre a consciência e o Ego, em que este último é *pessoalizado* pela instância anterior da *ipseidade* da consciência. Ser si-mesmo é ser consciência, um *ser-para-si que pessoaliza* o *Eu* (uma "pessoalidade" nada "personalista" a que a fenomenologia dá acesso,[17] como mais tarde a análise do discurso, com Émile Benveniste, daria acesso a uma ideia de pessoa através do uso da linguagem e não na psicologia). Nas palavras de Sartre, que nesse caso não é simples traduzir para o português: "E, neste sentido, do Eu, de que se faz bastante equivocadamente o habitante da consciência, dir-se-á que ele é o *"Mim-mesmo"* (*le Moi*) da consciência, mas não que ele é seu próprio *si-mesmo* (*son propre soi*)".[18]

A frase seguinte exige que nela nos demoremos. Sartre nela dá o fundamento da proposição que acabamos de citar nos seguintes termos: "Assim, por ter hipostasiado o ser-refletido do para-si num em-si, cristalizamos e destruímos o movimento da reflexão sobre si: a reflexão seria pura remissão ao Ego como seu *si-mesmo*, mas o Ego não remete a nada mais, acabamos por transformar a relação de reflexividade numa simples relação centrípeta, sendo que o centro, além do mais, é um nó de opacidade".[19]

Demoremo-nos um pouco na metáfora desse círculo centrípeto que remete a um centro inerte e opaco. Para revelar o *circuito da ipseidade*, será necessário contrapor a essa metáfora uma outra, em que o movimento centrípeto é substituído pelo *centrífugo* e em que o centro inerte dá lugar a um *horizonte* sempre *reaberto*. Na linha de Heidegger, o *ser-aí* ou o *para-si* é essencialmente *abertura* e *pro-jeto*. Desde o ensaio "Uma ideia fundamental de Husserl...", a metáfora da *explosão* privilegia o movimento centrífugo da explosão e da abertura de horizonte, como vemos nas seguintes frases: "É que Husserl vê

---

tenta retomar a si mesma, coincidir finalmente consigo mesma, no bem quentinho, janelas fechadas, ela se autoanula". Cf. SARTRE. *Situations I*, p. 31. No segundo...

[17] Não queremos sugerir uma incompatibilidade entre fenomenologia e filosofia da pessoa ou "personalismo". A prova do contrário está, por exemplo, em *O formalismo na ética*, de Max Scheler, cuja última parte (que corresponde quase à metade do livro) tem justamente como título "Formalismo e pessoa".

[18] Cf. SARTRE. *L'être et le néant*, p. 148.

[19] SARTRE. *L'être et le néant*, p. 148.

na consciência um fato irredutível que nenhuma imagem física pode exprimir. Salvo, talvez, a imagem rápida e obscura de uma ex-plosão (*éclatement*). Conhecer é 'ex-plodir-se[20] em direção de...', arrancar-se à úmida intimidade gástrica para correr, lá longe, perto da árvore e no entanto fora dela [...] Imaginem agora uma série de ex-plosões que nos arrancam a nós mesmos, que não deixam sequer a um 'nós-mesmos' o tempo de se formar atrás deles, mas que nos lançam pelo contrário para além delas, na poeira seca do mundo, sobre a terra rude, entre as coisas [...] vocês terão captado o sentido profundo da descoberta que Husserl exprime nesta famosa frase: 'Toda consciência é consciência *de* alguma coisa'".[21] Aliás o verbo "*éclater*" significa tanto explodir (como uma bomba) como manifestar-se (a alegria que se torna visível num rosto) ou como brilhar (como a luz de um raio num céu escuro). Todos esses sentidos se combinam para se opor à representação da subjetividade como uma interioridade *reificada*, como um *objeto que se **tem** mais do que o que se **é***.

Aliás, o que se visa polemicamente na reificação se desdobra em mais de um nível, pelo menos em dois: um nível "psicossocial" e um nível "ontológico". Num primeiro momento, o que se visa é algo como a "interioridade burguesa", essencialmente "privada", como uma propriedade cercada inacessível a outrem (mas também como "intimidade", que, no conto de mesmo nome, é associada à imagem de uma "cueca suja"). Mas se visa também a hipóstase que faz da subjetividade uma pessoa e dessa pessoa uma substância, como na origem da concepção escolástica de *persona*. Como na expressão de Boécio: "*Substantia individua rationalis natura*".[22] Não é por acaso que Sartre se volta contra o processo de *hipóstase* do *ser-refletido do para-si*. Com efeito, com Boécio, e não apenas com ele, a ideia de pessoa é construída a partir da ideia de hipóstase – não mais, como

---

[20] Assim grafamos para tornar mais visível o movimento centrífugo, implícito no verbo "explodir", por oposição ao movimento centrípeto implícito no verbo "implodir" (cair sobre si mesmo).

[21] Cf. SARTRE. *Situations I*, p. 30-31.

[22] Cf. BOÉCIO. *Contra Eutychen*, cap. 3; *apud* BERGERON, M. La structure du concept latin de "personne". In: *Études d'histoire littéraire et doctrinale du XIIIème siècle*. Deuxième série. Paris; Ottawa: Vrin; Institut d'Études Médievales, 1932.

os gregos, a *persona* como a máscara que se superimpõe ao rosto, ou como a *pessoa jurídica* cuja consistência lhe advém do *socius*, mas como substância (sinônimo de hipo-stase). Substancialização ou reificação que se tornam tão mais radicais quando remetem, como à sua raiz, em sua dimensão teológica, à substancialidade "absoluta" das três pessoas da Santíssima Trindade. Deus não é o sonho contraditório do homem, mas o modelo mesmo de sua realidade ou modelo a partir do qual foi *fabricado*.

Nota do editor: a partir deste ponto do manuscrito havia apenas a transcrição de aulas do curso "A questão do sujeito", de 1992. Tal transcrição encontrava-se em estado profundamente fragmentado e lacunar. Por isso, ela não foi publicada.

Capítulo quarto
Émile Benveniste e o lugar do sujeito no discurso

[nada foi escrito]

CONCLUSÃO

DO "SOLIPSISMO" DO *TRACTATUS LOGICO-PHILOSOPHICUS* AO LUGAR DO SUJEITO NOS JOGOS DE LINGUAGEM (OS EQUÍVOCOS DA LEITURA "STANDARD")

[nada foi escrito]

Este livro foi composto com tipografia Bembo Std e impresso
em papel Off-White 90 g/m² na Gráfica Paulinelli